U0442946

论个人信息权

林传琳 著

LUN GEREN XINXIQUAN

法律出版社
LAW PRESS·CHINA
北京

图书在版编目（CIP）数据

论个人信息权 / 林传琳著. -- 北京：法律出版社，2025. -- ISBN 978-7-5244-0343-2

Ⅰ. D923.74

中国国家版本馆 CIP 数据核字第 2025Z15J50 号

论个人信息权 LUN GEREN XINXIQUAN	林传琳 著	责任编辑 曲 杰 装帧设计 臧晓飞

出版发行 法律出版社	开本 710毫米×1000毫米 1/16
编辑统筹 学术·对外出版分社	印张 11.75　　字数 155千
责任校对 王语童	版本 2025年4月第1版
责任印制 胡晓雅 宋万春	印次 2025年4月第1次印刷
经　　销 新华书店	印刷 北京盛通印刷股份有限公司

地址：北京市丰台区莲花池西里7号（100073）

网址：www.lawpress.com.cn　　　　　　销售电话：010-83938349

投稿邮箱：info@lawpress.com.cn　　　　客服电话：010-83938350

举报盗版邮箱：jbwq@lawpress.com.cn　　咨询电话：010-63939796

版权所有·侵权必究

书号：ISBN 978-7-5244-0343-2　　　　　定价：79.00元

凡购买本社图书，如有印装错误，我社负责退换。电话：010-83938349

前　言

　　当下法律尚未明确规定"个人信息权",而是将其含蓄地表述为"个人信息保护"。因此许多观点将其理解为"权益"而非"权利",一字之差可谓大相径庭。之所以呼吁个人信息权是因为权利非常重要,它在实践中具有绝对性,任何与个人权利相反的行为都可以诉诸法律,较为重要的利益都以权利的形式被法律捍卫,同时权益与权利相比具有相对性与具体性,这就意味着其在与权利对抗时会处于劣势,所以确立个人信息权有重要意义。

　　法律没有明确规定个人信息权,概因人格权规范过于严格,畏忌影响数字产业的发展。以往的研究中,个人信息的法律之争存在已久。早期观点认为,个人信息权只是隐私权在网络中的延伸。进入数字社会后,个人信息的价值已今非昔比,亟待重新审视个人信息权。

　　正因为法律权利具有很强的实践效果,于是倡导由法律保护的利益不断增多。如果不够审慎地设置法律权利,又必将造成权利被滥用,因此,理论界对于新型权利的证立十分挑剔。新型权利应当具备重要性、正当性、流动性以及未来的持久性。新型权利的确立有领域模式与情景模式,前者是由道德权利过渡为法律权利,可称为"新";后者是在新情景下创设"新"权利。反对者认为这两者是没有必要的,通过既有核心权利的流动性以及权利意识可替代新型权利。然而道德权利上升为法律权利并非只为了实践意义,同时也具有指引意义与修正意义,因而领域模式是有效的。核心权利的流动性是有限的,不能以无限的流动性解决新场景的出现,权利意识容易存在冲突,所以应当设定情景模式。个人信息权无疑是道德权利,以法律强制力保护个人信息是十分必要的,个人信息权的领域模式是存在的。

以法益说解释当下的立法尚且合理,但未来会遭遇诸多困境。个人信息权虽属人格权,但需要多部门法配合保护。权益说局限于民法教义学但并不适用于其他部门法。此外,权益与权利的二分在实践中的效果并不明显。且权益保护通过司法经验的积累,内容会愈加完善,从而可转化为权利。所以直接诉诸权利模式也未尝不可。

现实中,权利人的信息分享行为可分为主动分享与被动分享。前者基于知情、同意规则,后者是个人无法拒绝信息服务以及法律的强制性处理规定。个人无法绝对支配自身信息是个体为公共利益所作出的自我牺牲,而非纯粹的自由意志。法律不能因此否认个人权利的存在。人格权可以被解读为受尊重权,由此个人信息权可被设计为个人信息受保护权。基于这种理念构想,个人信息权不必过多强调控制、自决等个人本位,需转向互利、共赢的社会本位。也就是从以知情权、同意权为核心的制度体系转向合法、正当、必要原则为核心的制度设计。

个人信息权的主体可分为信息主体、信息处理者与信息监管者。信息处理者是指获得信息处理权的民事主体,法律授权的要件已有明确规定。人格权的客体是人格利益。个人信息承载了多种人格利益,所以个人信息权的客体是宏观的人格利益。同时,个人信息处理行为是基于权利人对信息处理者的信赖,因此个人信息权的客体还包括信赖利益。"权利球"、"权利束"与"权利块"均是财产法学中的概念,基于美国法实用主义的思潮。个人信息是重要的生产要素且具有经济性,因此借鉴财产法的理论并不存在天然障碍。根据史密斯教授提出的模块理论,可将个人信息权分化为不同张力的块状模型,并在模块内辅以权利束的构造是较优选择。

人格尊严与科技发展的价值位阶判断不仅是影响司法结果的重要因素,也是实践中的难题。欧洲模式过于严格,因为它是对海外信息处理者的反垄断措施。我国的实际情况有所不同,所以应适度放缓司法力度,避免个人信息权人权化。目前,民法典人格权编中的所使用的术语是"个人信息保护"而非个人信息权,研究个人信息权如何融入民法典是有必要的。人格权法的现实路径主要有两种,即人格权请求权与人格权禁令。个人信息纠纷中,人格权请求权之要件需要考虑侵权人的主观过错。人格权禁令是一种全新的制度,需要更多细化的规定。人格权禁令需要设立期限,如果权利人没有在禁令期内提起诉讼,则逾期后禁令自然失效,且不得再次申请。人格权禁令只能适用于权利的保护,不适用于权益。同时在申请人格权禁令时,法官需要衡量胜诉的可能性。

个人信息权也可以通过侵权责任法救济。侵权责任请求权与人格权请求权不同,其不具有预防功能,且需要有实际损害、考虑主观过错、受到诉讼时效的影响等,责任方式以赔偿为主。在适用时,往往会有事实不确定性与加害人不确定性两种困境,只能由未来立法完善。个人的侵权赔偿应当设置最低限额。人数不确定的群体侵权诉讼存在制度功能狭窄、缺乏激励等问题,应当考虑借鉴选择退出制,为权利人设置制度激励。

由于人格权与宪法具有千丝万缕的联系,新型人格权入宪符合国际发展趋势,有利于人格权法与宪法的衔接。个人信息权的保护关乎个人利益与公共利益,应被宪法明确表达,不应由一般人权或者人格权的条文推定。未来个人信息保护可以作为个人信息权的内容之一。人格权法特殊功能是预防个人人格遭受侵害,具体应如何发挥人格权的预防功能目前制度尚不完善。借鉴弱预防原则的内容要件是一种可行方案,预防原则是法律预防科技风险的较强手段,虽暂时还未明确适用于个人信息保护领域,但现实中的直接适用却并不罕见。由于滥用个人信息的后果足够严重,借鉴这种法律预防手段具有合理性。弱预防原则的启动要件不同于强预防原则,法律会根据预防原则的"强"与"弱"设置不同的启动阈值,在举证时要避免不确定风险的循环论证,这些都可以成为个人预防自身信息遭受侵害的有益借鉴。

衷心感谢宋洋铭、刘登欢、欧剑宇、陈佳慧同学为本书初稿所做的认真细致的校对工作。

目 录
Contents

绪 论 ·· 001
 一、问题的缘起及研究意义 ·· 001
 二、理论价值与实践价值 ··· 004
 三、概念限定及术语规范 ··· 005
 四、国内外研究文献综述 ··· 012

第一章 个人信息权何以成为新型(兴)权利 ······················· 018
 一、何谓"新型权利" ··· 018
 二、新型权利证成的两种模型 ·· 025
 三、个人信息权的新型权利证成 ·· 041

第二章 权利还是权益:基于权益区分论的回应 ···················· 050
 一、权益区分论的域外发展 ·· 050
 二、《个人信息保护法》中的"个人信息权益" ······················ 053
 三、对个人信息权益论的质疑 ·· 056

第三章　个人信息权的属性嬗变 ································· 066
一、个人信息权的理念嬗变：从知情同意到正当必要 ·············· 066
二、个人信息权的内涵重构 ······································· 072

第四章　个人信息权的构造 ··································· 084
一、个人信息权的权利主体 ······································· 084
二、个人信息权的权利客体 ······································· 088
三、个人信息权的权利范式 ······································· 090

第五章　个人信息权的主要权能 ······························· 100
一、知情决定权 ·· 100
二、可携权 ·· 103
三、更正权 ·· 106
四、删除权 ·· 110

第六章　个人信息权与人格权编的兼容 ························ 113
一、个人信息权适用中的利益衡量 ································· 113
二、个人信息权与民法典人格权编的兼容 ·························· 118
三、个人信息权的适用路径 ······································· 127

第七章　个人信息权的侵权法保护 ····························· 132
一、侵权法保护与人格权法保护的差异性 ·························· 132
二、个人信息权在侵权法中的适用困境与完善 ····················· 138
三、个人信息侵权的群体性诉讼 ··································· 144

第八章　个人信息权的公法保护 ······························· 150
一、个人信息权公法保护的必要性 ································· 150

二、个人信息权的宪法确认 …………………………………… 155
三、预防原则的引入证成 ……………………………………… 160
四、引入预防原则的实现构想 ………………………………… 169

结　语 …………………………………………………………… 178

绪　　论

在学术研究中,学者都不免带有一定的"前见",这种"前见"是由学者的研究方向、知识脉络以及思维方式所决定的,必然会在一定程度上影响研究的结果。这种现象在个人信息相关问题的研究中表现得尤为明显。刑法学者、民法学者、宪法学者,等等,各自研究角度的不同、术语的不同,都可能造成一些研究误差。本书亦是如此,虽然笔者在努力从更广阔的视角上思考个人信息保护的问题,但最终也难以避免带有一定的民法色彩。

一、问题的缘起及研究意义

近年来,个人信息保护是否能成为一项抽象的权利是法学界争论不休的问题。《中华人民共和国个人信息保护法》(以下简称《个人信息保护法》)将个人信息称为"权益"而非"权利",[①]立法者是借鉴了民事侵权责任法的基本理论。在我国侵权法中,将权利和利益并置一起统称为权益,因此《个人信息保护法》并没有回答个人信息权益的权利属性问题。而《中华人民共和国民法典》(以下简称《民法典》)人格权编中使用的表述是"个人信息保护",更是回避了这个问题。实际上,在全国人大发布的《民法典(征求意见稿)》中曾明确使用"个人信息权"一词,后在一审稿中被改为"个人信

[①]　《个人信息保护法》第 1 条规定:"为了保护个人信息权益……制定本法。"

息保护",这种反复与犹豫体现了个人信息的法律定位问题仍悬而未决。①

民法典总则编与人格权编在讨论个人信息是否应当确权的问题时,受到了企业界的强烈反对以及部分学者的反对。② 一些人担忧"个人信息权"会导致个人对其信息具有绝对的控制权,从而影响信息分享。③ 最终《民法典》没有明确规定个人信息权,主要是为了避免一些误解,平衡个人权利与信息共享之间的矛盾,以免过度影响数字产业的发展。④

之所以呼吁个人信息权化,是因为权利非常重要,它在实践中具有绝对性,任何与个人权利相反的行为都可以诉诸法律。因此,较为重要的利益以权利的形式被捍卫。换言之,权益与权利的实践效果存在一定差距。在当下的现实生活中,个人信息的泄露与滥用之普遍无须过多论证就可以引起公众的共鸣。数字时代下的互联网巨头对个人信息有超强的收集、存储及处理预测能力,这对个人隐私与个人信息具有极强的侵袭性。例如,精准投送的推销电话、广告邮件等是我们每个人都正在经历的事实。数字技术使人类任何上网痕迹都可能被收集起来,且无法删除。

我国立法者高度重视当下个人信息被侵害泛滥的问题。2009 年,全国人大常委会通过了《刑法修正案(七)》,增设了"出售、非法提供公民个人信息罪"(第 7 条)、"非法获取计算机信息系统数据、非法控制计算机信息系统罪"(第 9 条第 1 款)与"提供侵入、非法控制计算机信息系统程序、工具罪"(第 9 条第 1 款),将侵害公民个人信息纳入刑法。2012 年,全国人大常委会通过的《全国人民代表大会常务委员会关于加强网络信息保护的决定》、2013 年修订的《消费者权益保护法》以及 2017 年制定的《网络安全法》都规定了个人信息受到法律保护。近年来,个人信息保护已纳入《民法典》人格权编,同时又出台了《个人信息保护法》。然而,尽管立法活动积极地开展,

---

① 参见温世扬:《民法典人格权编草案评议》,载《政治与法律》2019 年第 3 期。
② 参见刘士国:《信息控制权法理与我国个人信息保护立法》,载《政法论丛》2021 年第 3 期。
③ 参见程啸:《论我国民法典中的个人信息合理使用制度》,载《中外法学》2020 年第 4 期。
④ 参见黄薇:《中华人民共和国民法典人格权编释义》,法律出版社 2020 年版,第 196 页。

个人信息的权利属性却一再遭受限制。可见,个人信息保护制度的顶层设计还未达到较高强度。

因此,近些年学界关于个人信息保护制度的研究可谓汗牛充栋,有关个人信息的研究呈愈演愈烈之势,笔者以"个人信息保护"为关键词在"中国知网"搜索文献,发现自1996年开始文献数量呈现逐年递增的趋势,近十年的趋势如图1所示:

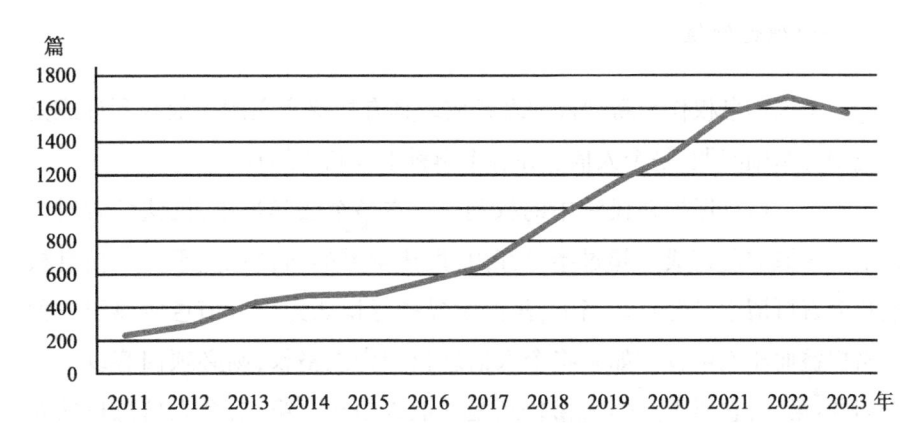

图1 近十年相关文献数量

个人信息保护的相关研究热度自2021年开始下降,这与民法典和个人信息保护法的颁布有很大关系。虽然该问题的相关文献数量并未继续攀升,但其研究热度仍然居高不下,并未因为立法而改变,也从侧面反映了理论界对个人信息的保护仍然有许多质疑。

而司法中,对于受害者的救济力度也明显不足。例如:国内首起人脸识别案(以下简称人脸识别案)被称为个人信息保护制度中具有里程碑意义的案件。一审法院认为被告方擅自变更服务系统,将指纹识别改为人脸识别,后协商未果双方产生分歧,并判决退还剩余的合同服务费用与必要的交通费用共计1000余元,被告删除与原告相关的面部信息[①];二审法院在原判决

---

① 参见余建华:《采集利用消费者个人信息需尊重个人选择权》,载《人民法院报》2020年12月2日,第3版。

的基础上增加了删除与原告相关的指纹信息,原告主张的赔偿损失与赔礼道歉等均未得到支持。究其原因,如果法律对利益的保护根本无法达到如同权利保护之强度,则裁判者也不会对个人信息的侵害问题有足够的重视,如此个人信息更有可能被滥用。

二、理论价值与实践价值

(一)理论价值

1. 个人信息权作为新型权利之证成。具有抽象意义的一般权利证成是研究中的基础问题,是个人信息在各个学科中权利化的基石。

2. 个人信息保护在民法中的权利化。在整个法学界中,民法学者对个人信息领域的研究成果超过半壁江山,民法学界的通说观点于个人信息权利化而言可谓举足轻重。当下,民法学界的通说认为个人信息应属于一种人格权益而非人格权。如果将个人信息权归为人格权,则必须回答以下几个问题:第一,它属于具体人格权还是一般人格权。第二,个人信息权的客体是什么。受传统人格权理论影响,人格权的客体模糊化,多项具体人格权之间,难以区分此权与彼权的界限。个人信息权的抽象性与复杂性超过隐私权,因此回答个人信息权的客体则是难上加难。个人信息权如要在民法学中站稳脚跟,其权利客体与权利内容都需要有一个相对清晰的界定。

3. 个人信息权的内涵解读。人格权是一种刚性的控制型权利,往往具有绝对性与可支配性。个人信息的权利化如何解释个人信息需要分享、流通的现实,如何平衡个人权利与经济利益,这些问题在当下的法学中亟待解决。在以往的研究中,对个人信息权的内涵解读都不尽理想。随着研究的深入,个人信息权应当脱离个人的绝对支配性走向注重公共利益的弱支配性。本书立足于法律适用的视角,重新梳理个人信息权的含义。

(二)本书的实践价值

1. 有助于改善个人信息保护的现状。当个人信息保护权利化之后,其司法效果必然会不同。在民法基础理论中,民事利益更多讲究相对性、具体性,不能像民事权利一样延展、受到全面保护,例如,商业秘密属于民事利益,对它的保护措施不会像财产权一样全面。当个人信息保护被认为是一种权利时,它就不再是一种被动消极的防御体系,甚至可以变为主动的信息自决权,并且可以穷尽所有人格权的救济手段。这对于整个个人信息权的实现而言,具有决定性的意义。

2. 讨论了人格权法的适用问题。第一,个人信息权与其他人格权的内容存在一定交叉,往往会引起司法中的困惑。尤其是隐私权,自个人信息权利诞生以来,它与隐私权的关系、含义、权利界限等问题从未厘清,一直是理论研究中的问题。第二,人格权请求权与人格权禁令的要件。人格权法是新法,许多适用问题还未有定论。而人格权的法律实现路径即请求权与人格权禁令,针对它们的讨论必然对司法实践有所帮助。

3. 讨论了侵权责任法的适用问题。侵权法是民事权利的救济法,是注重于实践的法律。个人信息的侵权责任纠纷一直都是实践中的难题,本书具体讨论了侵权要件、侵权赔偿数额、侵权的诉讼方式等。

三、概念限定及术语规范

为了证成个人信息权,也就是说个人信息应当成为一种法律权利,首先,可能需要从权利本体的概念开始。

(一)道德权利与法律权利

法律权利的概念早已被我们所熟知,然而道德权利(Moral Right)还并不是被法学界广泛接纳的概念,一些实证法学家总是批评道德权利,甚至道德是否能成为一种权利都尚且存在争议。正如权利的概念是模糊的一样,道德权利的概念也是模糊的。庞德认为,对社会群体一般道德所承认的并为道德舆论所支持,可以称它为道德权利。① 还有学者认为,"道德权利是道德主体基于一定的道德原则、道德理想而享有的能使其利益得到维护的地位、自由和要求"②。由此可以看出,道德权利可以被理解为"道德+权利",是基于道德而产生的具有一定强制力的(如舆论)行为规范或者自由诉求。关于道德权利概念的讨论也同样困难,正是如此本书对于它的理解可能与其他学者不同,从而导致结论的不同。密尔对于道德权利是这样表述的,当某种东西被称为权利时,是指我们可以正当地要求社会保护它,无论是借助法律的力量还是舆论的力量。如果这个人在他人看来有充分的理由要求社会保护他这样东西,那么我们就会说他有权拥有这种东西。③ 也就是说,密尔认为道德权利需要借助法律之外的力量实现,并且需要第三人达成一定共识。因为,舆论的力量自然需要一定的盖然性,少数人的声音很难形成束缚力。同时,密尔还认为,正义就是某人向他人提出要求的道德权利,④所以道德权利一定是正义的。简言之,道德权利就是一种多数人认可的正当的具备非正式强制力的权利。

  理论家创造这个概念是为了弥补实证权利体系所无法回答的问题。⑤根据权利是否需要依赖于特定的事实,可将权利分为实证权利与非实证权利。主张道德权利的学者认为,道德权利实际上就是非实证权利。而所谓的实证权利就是指,权利需要依赖于一些事实,如习惯权利与法律权利。也就是说,如果缺乏相关的法律规定或者习惯传统,那么这种权利就会变得不存在。而非实证权利是不需要依赖于特定的事实就存在的权利,如生命权、生育权。即使某些法律可能会限制或者禁止一些特定人群的生育权利,但

---

 ① 参见[美]庞德:《通过法律的社会控制——法律的任务》,沈宗灵、唐世忠译,商务印书馆1994年版,第45页。
 ② 余涌:《道德权利研究》,中央编译出版社2001年版,第181~182页。
 ③ 参见[英]约翰·密尔:《功利主义》,徐大建译,上海人民出版社2008年版,第54页。
 ④ 参见[英]约翰·密尔:《论自由》,许宝骙译,商务印书馆2009年版,第51页。
 ⑤ 参见[加拿大]L. W. 萨姆纳:《权利的道德基础》,李茂森译,中国人民大学出版社2011年版,第30~102页。

从道德上我们也会认为该人群是具有生育权的。道德权利具有几个特征：

第一，道德权利在本质上不是由任何权威机关或者司法者所宣布的。第二，道德权利的概念并不完整，它的作用与另一个概念世俗权利（包含法律权利）相关。第三，它是多数人都认可且愿意遵守的规则。第四，它是具有强制力的行为规范。一些观点认为，道德权利不具有强制力，因为法律权利的强制力是由国家机关所保障的，而道德权利的强制力大多需要依赖于舆论监督或者内心自省，其保护手段较弱。[①] 如不能因违反道德权利而剥夺他人的人身自由或财产自由。此种观点可能过于弱化道德规范的作用，过于强化法律规范的作用。实际上，日常生活中的大多数时间，我们的行为往往都需要遵循道德规范，道德权利的强制力虽没有公权力担当人的保障，但其效力并不能称为"弱"。道德权利的强制力与个人内心的道德修养水平有关，道德修养与个人素质越高则强制力越强，道德修养与个人素质越低则强制力越弱。特别是在我国，传统文化中的道德准则已流传几千年，如"礼""生活作风""君子之道"，等等，早已融入我们生活中的方方面面。源自父母、亲人、单位同事甚至网络舆论等人的负面评价，可能比法律处罚更让人忌惮。因此，笔者认为道德权利强制力的效果相比法律权利而言缺乏稳定性、直观性，但不能因此否认道德权利是具有强制力的，过于强调法律权利的效用而忽视道德权利的功能，就会导致社会越来越偏向于功利主义缺乏人文情怀。第五，道德权利属于弱确定性规范，其权利的内容与边界较为模糊，不如法律权利清晰。

（二）个人信息权与个人数据权

基于当下的研究情况，从语义上个人数据（personal data）与个人信息（personal information）的概念并不难区分。

---

① 参见余广俊：《论道德权利与法律权利》，载《山东社会科学》2009年第10期。

1. 个人信息与个人数据：可识别性与对应性

从我国法律中给出的概念来看，个人信息是指"以电子或者其他方式记录的能够单独或者与其他信息结合识别特定自然人的各种信息"（《民法典》第1034条）。目前的法律并没有对于个人数据作出明确的界定，但在《数据安全法》中有对"数据"的定义，"本法所称数据，是指任何以电子或者其他方式对信息的记录"（《数据安全法》第3条）。从文义上理解，个人数据是"个人+数据"，也就是"任何以电子或者其他方式对个人信息的记录"。也就是说，通过文义解释，目前我国法律是将个人数据分为"可识别个人的信息"与"不可识别个人的信息"，个人数据的外延包含了个人信息。

但在学界中的理解却非如此，由于数据是计算机场域中运行的基本元素，可以表现为代码或者其他电信号，是一种传输媒介，其作用是对信息的客观反映。数据的传输往往是基于0、1所组成的特定组合，其形式上不具有针对个人的可识别性。因此，学界往往认为可识别性即个人信息与个人数据的重要区别，信息处理者在使用个人信息时需要进行脱敏处理，脱敏的个人信息之集合也可被称为数据，法律对此也作出了明确要求。[①] 换言之，学界一般认为个人数据仅仅是不可识别个人的信息，个人信息是可识别个人的信息。这种分类方式的主要原因是更便于区分，不然则必须为不可识别个人的信息重新界定一个术语。本书则采取这种定义的方式。

必须指出的是，个人数据是承载了个人信息的载体，虽然是被处理后的个人信息，但它完全可以识别到个人信息。从这个角度分析，个人信息与个人数据具有很强的对应性。那么如果认为个人信息属于个人尊严的范畴，则个人数据也难以脱离人格尊严的范畴。

2. 个人信息权与个人数据权

紧接着上文的语义讨论，那么对个人信息权与个人数据权的区分似乎也并不难。个人信息权的语义构成是"个人信息+权利"，个人数据权的语义

[①] 参见《信息安全技术　个人信息安全规范》（国家标准GB/T 35273—2017）第3.14条。

构成是"个人数据+权利"。从权利对象来看,个人信息权之对象是可识别个体的特定信息,而个人数据权的对象是不可识别个人的信息。进而,有一种观点认为,个人信息主要反映个人的人格利益,那么个人信息权的主要功能是保护个人的尊严,更注重人格利益。而个人数据是个人信息的载体,原则上是匿名的、无法识别个人的,那么对于个人信息的侵害就不那么明显,似乎就可以归为财产权。如此,似乎在权利的客体与内容上就将这两者完美地界分。

但个人数据通过技术转化又可以识别个人信息。以往的许多研究文献,对二者是不加以区分使用的。其原因是,数据之所以有价值是因为它涵盖着个人信息,否则对数据的处理没有任何意义,法律不会关心也不会确定某种元素的权利,所以讨论个人数据的时候就包含了个人信息权。① 笔者也赞同这种观点,因此个人数据权也必然需要保护人格利益。因为,在理论模型中可识别性是二者得以区分的前提,在理想的状态下区分信息是否可识别较为容易,但在实践中要区分二者可能较为困难。信息处理者通过技术手段不断地将二者转换或者边界模糊化都是可能的,所以个人数据权的立法必须具备一定的前瞻性与防范性。

在当下的研究中区分个人信息权与个人数据权,主要目的是解决数据流转中的确权问题。个体的数据经济价值极低,只有一定规模的数据具有经济价值。所以,个人数据能否属于财产权还是一个疑问。笔者认为,由于个人数据的经济价值较低,没有必要通过财产权进行规范,作为"用益权"可能是一种较好的解决方式。②

(三)个人信息权、个人信息保护、个人信息保护规则

1. 个人信息权

正如前文所述,本书所论证的个人信息权是一种抽象的核心权利,既不

---

① 参见程啸:《论大数据时代的个人数据权利》,载《中国社会科学》2018年第3期。
② 参见申卫星:《论数据用益权》,载《中国社会科学》2020年第11期。

是"个人信息自决权"①、"被遗忘权"②等权利束中的权利,也不是可与固定行为一一对应的权利,更不是权能。个人信息权与传统的民法权利,如物权、债权不同,它虽然名称属于静态的权利,但实际上其属于动态过程中的权利,可以理解为个人信息受保护权,针对的主要目标是信息处理过程中的个人信息受保护,而不是保护静态的个人信息。

我们往往把权利的内容和其名称相联系,但如果权利的内容总是与权利名称的构词联系起来的话,我们会无法理解很多权利,如隐私权。隐私权的构成是"隐私+权利",因此从构词上,它是保护隐私的权利。但如何保护隐私才是问题的关键,因为隐私的含义十分抽象,民法典虽然规定了隐私的定义,但我们还是不能确定哪些属于民法隐私权的范围,于是《民法典》第1033条又有了第6项兜底条款,也就是法律无法完全列举侵犯隐私权的情况。

个人信息权的构词是"个人信息+权利",这很容易被误解为个人信息权的目的就是保护个人信息。但个人信息并不像隐私那么抽象,它是一般人可以很容易理解并甄别的概念。但实际上保护个人信息这个概念十分宽泛,目前名目繁多的个人信息保护规则都是在保护个人信息,但不一定属于个人信息权的范围。

2. 个人信息保护

个人信息保护是一个学术研究中经常提及的概念,我国许多文献研究中都会使用这个称呼,甚至《民法典》也继受了这个术语,目前个人信息保护已经成为人格权编中的法定术语。总的来说,个人信息保护就是一些与个人信息法律保护相关的统称,当然根据目前的研究状况,民法学对于此领域研究较多,所以民法典也是最早确认个人信息保护的根本性法律。笔者认

---

① 张忆然:《大数据时代"个人信息"的权利变迁与刑法保护的教义学限缩——以"数据财产权"与"信息自决权"的二分为视角》,载《政治与法律》2020年第6期。
② 李立丰:《本土化语境下的"被遗忘权":个人信息权的程序性建构》,载《武汉大学学报(哲学社科学版)》2019年第3期。

为,所谓的个人信息保护其实就是上文中提到的保护个人信息。因为目前的研究难以确定个人信息的权利属性,于是称之为个人信息保护。它应是一切保护个人信息的规范统称,这属于研究还不充分的一种权宜体现。

3. 个人信息保护规则

个人信息保护规则泛指当下的与个人信息保护相关的法律规则,涵盖专门立法与相关立法。专门立法如《个人信息保护法》明确规定了信息处理活动中的基本原则与权利义务,对个人信息的收集、处理等环节提出了具体要求。而《民法典》则通过人格权编,进一步拓展了对个人隐私权与信息权的保护。此外,《刑法》中的侵犯公民个人信息罪通过刑事制裁手段强化了对非法获取、使用和披露个人信息行为的规制,体现出法律对信息安全的严密防护。

《宪法》作为根本法,虽然没有直接针对个人信息保护的专门条款,但其对通信自由与隐私权的保障为个人信息保护提供了坚实的宪法基础。这些不同层次的立法,既从实体上规定了个人信息保护的权利义务,又从程序上对违法行为的惩治与救济作出了细致安排。整体而言,个人信息保护规则形成了以专门法为核心,相关法为补充,宪法为基础的立体化、多层次的法律体系,保障了个人信息在数字化时代中的安全性与私密性。

(四)敏感信息与私密信息

《个人信息保护法》与《民法典》在用语上存在差异,其中比较明显的是法律文本中出现了另一种个人信息的分类,是将个人信息分为敏感信息与一般个人信息。于是,在衔接时就必须明确敏感信息与私密信息的关系。

笔者认为,敏感信息应适用《民法典》中的私密信息的规定。原因有以下几点:其一,敏感信息与私密信息在法律文件中的含义较为接近。法律曾明确地界定过敏感信息的概念,例如,在《信息安全技术 公共及商用服务信息系统个人信息保护指南》中曾提出了"个人敏感信息"的概念,而《个人信息保护法》中所解释的"敏感信息"也基本沿用了该定义。并且,一些司法文件对于敏感信息的定义也与此类似。虽然表述不完全一致,但核心思想是一致的,都是加强对于隐私信息的保护。其二,《民法典》将个人信息分层的目的就是强化对私密信息的保护力度,敏感信息也具备相似的功能。《民法典》第 1033 条明确规定"除法律另有规定或者权利人明确同意外",任何人不得处理他人私密信息。而《个人信息保护法》也有类似的规定。由此可见,在信息主体授权的有效性这一个点上,两部法律的规定基本一致。换言之,对于信息主体而言,法律对私密信息与敏感信息保护强度并无差别。其三,王利明教授认为,"敏感信息就是与私人生活安宁相关的信息",而所谓的私人生活安宁也是《民法典》所明确规定的隐私之范围。申言之,敏感信息即与隐私相关的信息,几乎等同于私密信息。其四,自《最高人民法院关于审理利用信息网络侵害人身权益民事纠纷案件适用法律若干问题的规定》将敏感信息称为"个人隐私"后,在司法实践中,敏感信息也曾被认定为隐私权所保护的客体。那么,敏感信息在实质上已经发挥了私密信息的功能。综上,应当将敏感信息与私密信息合并,没有必要过度区分。

四、国内外研究文献综述

近年来,个人信息的相关法案已成为世界最具活力的立法运动之一,1970 年,德国黑森州制定的《黑森州数据法》被认为是世界上第一部针对个人信息保护的法律。而 1973 年,瑞士颁布的《瑞典数据法》则是世界上第一部全国性的个人信息保护法案。由此开始,到目前世界已有近一百个国家制定了专门的个人信息保护法。我国也不例外,改革开放以来,已颁布的与个人信息保护相关的法律文件已经超过百部。相关的学术研究也取得了许多成果,但在一些问题的看法上还未达成一致。

(一)个人信息的法权争论

关于个人信息是否是一种权利,在这个问题上国内大致可以分为两种不同的观点。第一种观点主张个人信息不是一种独立权利,理由大概有以下几种。

有研究主张个人信息权属于隐私权的一部分。这些观点大多属于早期的个人信息研究,当时学者们已经关注到保护个人信息的紧迫性,但由于时代的限制,缺少对个人信息权独立性的思考,大多数学者仍把其理解为隐私权在网络中延伸。谭建初、李政辉从一起案例入手,即某网站因内部分裂而随意处置用户资料的纠纷,进而探讨了网络隐私权的构建。[1] 赵华明认为,网络隐私权就是"公民在网上享有私人生活安宁和私人信息依法受到保护,不被他人非法侵扰、知悉、搜集、利用和公开的一种人格权"[2],但他们在实质上都是在讨论个人信息的保护。

还有一些研究则受美国法的影响,没有重视个人信息权的独立性。董金华所提出的个人信息隐私权,其本质上是在探讨个人信息自决权,但由于美国一些学者将信息说视为隐私概念的一部分,进而董金华将个人信息隐私权仍视为隐私权的一部分。[3] 郑成思教授提出了保护个人信息对"国家安全、社会安全、经济安全与个人安全"的重要性,并论述了制定专门的个人信息保护法的紧迫性,[4]但仍属于美国法的大隐私思想,未主张个人信息权的独立。

第二种观点主张个人信息是一种独立权利。支持权利说学者的一个重要贡献就是将个人信息保护规则从隐私权规则中分离。在相关问题的早期研究中,就已有学者注意到了个人信息不等于个人隐私,例如,齐爱民教授提出了需要区分个人信息与个人隐私、信息与数据等法律概念,并提倡构建个人信息控制权。[5] 在《民法典》立法期间,个人信息权的必要性得到了进一

---

[1] 参见谭建初、李政辉:《论互联网中的隐私权——由一则案例谈起》,载《河北法学》2001年第2期。

[2] 赵华明:《论网络隐私权的法律保护》,载《北京大学学报(哲学社会科学版)》2002年第1期。

[3] 参见董金华:《网络空间的个人信息隐私权及其保护》,载《理论月刊》2001年第10期。

[4] 参见郑成思:《个人信息保护立法——市场信息安全与信用制度的前提》,载《科技与法律》2002年第4期。

[5] 参见齐爱民:《论个人信息的法律保护》,载《苏州大学学报》2005年第2期。

步论证。郝思洋博士认为,个人信息应受到宪法的保护,但由于宪法不具有可诉性,因此在民法中必须明确相关权利。① 近些年也不乏支持个人信息权的作品。②

(二) 个人信息权的权利属性

在诸多支持个人信息权的主张中,又存在一个鲜明的分歧点,即个人信息权是什么样的民事权利?对此,学者们众说纷纭不能达成一致。

第一种观点是个人信息权属于人格权,即人格权说。而在主张人格权说的观点中又分为以下两种:

一是特殊人格权说。齐爱民教授主张个人信息权应当建立区别于具体人格权的特殊人格权制度,权利内容区别于传统的具体人格权。③ 谢远扬博士认为,一般人格权包含自我决定的权能,对于个人信息这样的特殊人格权而言,可通过一般人格权的框架规范。④

二是具体人格权说。在《民法典》尘埃落定后,主张具体人格权说的声音少了很多。主要因为从立法上否定了具体人格权说,《民法典》第110条列举了所有的具体人格权,而个人信息保护规则却在第111条单列。但并不意味着这种观点没有参考价值。聂生奎博士就认为个人信息权属于一种绝对权、支配权,表现为个人对自身信息的绝对控制。⑤ 但就个人信息权而言,它无法与隐私权完全分离。那么,具体人格权之间是否必须有泾渭分明的界限呢?对此,陈奇伟、刘倩阳认为主体的唯一性与人格权的依附性决定了

---

① 参见郝思洋:《个人信息权确立的双重价值——兼评〈民法总则〉第111条》,载《河北法学》2017年第10期。
② 参见吕炳斌:《个人信息权作为民事权利之证成:以知识产权为参照》,载《中国法学》2019年第4期。
③ 参见齐爱民:《论个人信息的法律保护》,载《苏州大学学报》2005年第2期。
④ 参见谢远扬:《信息论视角下个人信息的价值——兼对隐私权保护模式的检讨》,载《清华法学》2015年第3期。
⑤ 参见聂生奎:《个人信息保护法律问题研究》,中国政法大学2009年博士学位论文,第58~59页。

具体人格权的界限只能是相对的,每项权利都各有侧重,个人信息权有着不可替代的作用。①

第二种观点主张以财产权规则规制个人信息,许多学者都认为个人信息具有一定的商业价值,进而认为个人信息具有财产权的属性。这种思潮则源于美国学者,艾伦·威斯汀提出了数据可以被视为一种财产②,劳伦斯·莱斯格则系统地提出了数据财产化的理论。③

洪海林博士在充分肯定了个人信息所包含的人格利益的基础上,着重地分析个人信息权的财产化的道路。④ 郭明龙博士认为,"直接"的个人信息可类似于姓名权、肖像权之商品化机理,以精神损害赔偿与财产损害赔偿的方式实现权利。"间接"的个人信息应通过侵权规则或合同规则的保护路径。⑤ 甚至即使反对个人信息权的学者也大多认为个人信息具备财产性。

第三种观点是人格权、财产权的新型权利说,支持这种观点的学者相当多。因为随着学界对个人信息的认识不断加深,传统的隐私保护路径已有明显的缺陷。"当个人信息在发挥人格尊严的功能时,应给予其人格权保护;当个人信息在发挥财产利益时,应给予其财产属性。"⑥所谓的财产权类似于所有权的权利体系,包括了占有、收益、使用、处分等权能。⑦

第四种观点是基本人权说,即应当在宪法层面上构建个人信息权。个人信息的宪法保护研究中,个人信息权可以成为一种基本权利没有太大争议,得到了多数学者的认可。基本权利说的思想源于欧盟个人信息立法,《欧盟基本权利宪章》第 8 条规定"人人都享有个人信息被保护的权利",

---

① 参见陈奇伟、刘倩阳:《大数据时代的个人信息权及其法律保护》,载《江西社会科学》2017年第9期。

② See Alan Westin, *Privacy and Freedom*, The Bodley Head Ltd., 1970, p. 243-270.

③ See Lawrence Lessig, *Code and Other Laws of Cyberspace*, Tandem Library, 1999, p. 160-212.

④ 参见洪海林:《个人信息财产化及其法律规制研究》,载《四川大学学报(哲学社会科学版)》2006年第5期。

⑤ 参见郭明龙:《论个人信息之商品化》,载《法学论坛》2012年第6期。

⑥ 参见刘德良:《个人信息的财产权保护》,载《法学研究》2007年第3期。

⑦ 参见龙卫球:《数据新型财产权构建及其体系研究》,载《政法论坛》2017年第4期。

"……人人都具有接近、访问、销毁个人数据的权利"。例如,孙昌兴、秦洁认为,所谓基本人权就是"人生存与发展必须有的最基本的权利","从宪法的角度出发,个人信息权应当是一项关于个人和自由的综合权利"。[1] 具体而言,姚岳绒博士认为,个人信息的宪法权利也可以表达为信息自决权[2]。孙平认为,应当将个人信息权与国家安全之间置于同等重要的宪法地位,通过系统的立法切实保障基本权利。[3]

(三)个人信息权的民法保护

目前,我国保护个人信息的法律体系基本是以民事法律为主,以《民法典》为核心的民事法律规范高度地肯定了个人信息的法益地位,其他法律文件(如《个人信息保护法》《数据安全法》等)被视为个人信息保护规则领域的特别法,有学者认为这些立法需要与《民法典》衔接[4]。相较于其他法律部门,民法作出了最完整的回应,这也是众多民法学者所共同努力的成果。

《民法典》第 1034 条第 3 款明确规定,私密信息适用隐私权的相关规定,隐私权属于具体人格权。因此,不论个人信息是否属于具体人格权,信息主体都可以依照第 1034 条的规定取得与隐私权同等的保护。人格权请求权与侵权责任请求的构成要件完全不同。简言之,人格权请求权在性质上属于绝对权请求权,它的目的是让受害人的人格权恢复到未受损害的状态,不以行为人具有过错为要件,[5]也不需要造成实质性损害。为了防止泛化个人信息的人格权请求权,我们应对信息主体的人格权请求权之适用要件及

---

[1] 参见孙昌兴、秦洁:《个人信息保护的法律问题研究》,载《北京邮电大学学报(社会科学版)》2010 年第 1 期。
[2] 参见姚岳绒:《宪法视野中的个人信息保护》,华东政法大学 2011 年博士学位论文,第 79~86 页。
[3] 参见孙平:《系统构筑个人信息保护立法的基本权利模式》,载《法学》2016 年第 4 期。
[4] 参见石佳友:《个人信息保护法与民法典如何衔接协调》,载《人民论坛》2021 年第 2 期。
[5] 参见王利明:《论人格权请求权与侵权损害赔偿请求权的分离》,载《中国法学》2019 年第 1 期。

责任承担方式予以高度关注。

而《民法典》第995条规定,当人格权遭受损害时,权利人可以依照"本法和其他法律规定请求行为人承担民事责任"。这里所谓的"本法"指的是人格权法,而"其他法律规定"指的是侵权责任法。根据《民法典》的相关规定,个人信息中的私密信息应优先适用隐私权规则。那么,个人信息中的非私密信息与隐私权没有相关规定的都应当适用侵权责任规则。虽然侵权责任规则并不是救济个人信息侵害的唯一路径,但侵权规则往往发挥着对新型权利保护的作用。例如,在2005年的"性骚扰第一案",当时是以侵权纠纷为由进行起诉,①《民法典》颁布后,才将性骚扰规制条款纳入人格权法。因此,侵权责任规则对于个人信息的保护至关重要。但随着数字技术的发展,信息处理者侵犯个人信息的行为更加隐蔽,而且未来还将更加复杂,对现行的侵权规则构成了严重挑战。具体表现为以下几个方面:其一,信息处理者与信息主体之间的关系可能不是单一的法律关系,侵权的主体难以锁定。其二,信息的收集、处理过程繁复,一般人难以理解,侵权行为的过错、因果关系难以判断。其三,侵犯个人信息的损害结果难以确定,个体遭受的损失多为法官的主观判断,所以损害赔偿的数额存在是否能够充分弥补权利人损失的问题。显然,从目前的理论研究状况看,对这些问题的回应是不充分的。

---

① 参见毕玉、谦洪霄:《民事诉讼生成权利规制探析——以"人脸识别第一案"为切入点》,载《法学杂志》2020年第3期。

第一章 个人信息权何以成为新型(兴)权利

个人信息能否成为一种新型(兴)权利并不是一个"新"话题[①],支持个人信息的权利说的研究已有很多[②]。就理论界而言,反对个人信息权利化的理由有很多。笔者首先从一般法的理论层面开始,这些学者多表现出对于法律权利泛化的担忧。正是因为法律权利往往具有很强的实践效果,它被国家机关强制力所保障。导致要求诉诸法律保护的利益不断增多,因此权利的范围一直在不断扩大。而权利本身又具有抽象性与复杂性,如果不够审慎地无休止扩大其范围,又必造成权利被滥用。

因此,理论界对于新型权利的眼光是相当苛刻的,涌现出许多研究新型权利应如何证成的作品。[③] 笔者在此将从是否存在新型权利这个前置性的命题争论开始谈起,而后再论证个人信息是否属于一种新型权利。

一、何谓"新型权利"

随着科技的进步与社会的发展,人的利益总会被新的要素所侵害,法律

[①] 新型权利和新兴权利都是研究中的常用语言,本文中的新型权利亦可以理解为新兴权利。
[②] 参见叶名怡:《论个人信息权的基本范畴》,载《清华法学》2018年第5期;吕炳斌:《个人信息权作为民事权利之证成:以知识产权为参照》,载《中国法学》2019年第4期。
[③] 参见陈彦晶:《发现还是创造:新型权利的表达逻辑》,载《苏州大学学报(哲学社会科学版)》2017年第5期。

是保护利益最有效的方式,所以诉诸法律保护的利益不断增多,且诉讼中都会冠以"权"这个名称。于是,越来越多的法律中没有规定的"××权"不断地出现,往往被认为是所谓的新型权利。然而什么是新型权利,也成为近年来理论界探讨的问题。那么新型权利的含义到底是什么,这是研究中必须要解决的先决问题。

(一)新型权利的概念界定

不可否认的是,新型权利的概念本身就是一个非常复杂的命题。在研究中存在许多不同的理解,通过一般的构词研究法,可以将"新型权利"拆分为"新型+权利",从而解释其概念。

1."新型"的界定

无论赞同某种新型权利的主张,还是不赞同某种新型权利的主张,往往都会着重讨论权利这个概念,但会忽略了什么能被称为"新型",而笔者认为这可能是一个意见分歧的关键。诚然,如果新型权利要求的"新"权利已经存在,就不能认为它是新型权利[1],对于权利是否"已存在"的理解就存有不同的理解。

第一,对于新型可能还存在时间和地域的分歧。[2] 例如,早已经提出的概念但法律尚未确立的,是否属于新型;国外已存在的权利,在中国是否属于新型权利等属于围绕语义或者描述性的分歧。由于语言的模糊性,缺乏统一的标准,其研究结论也可能会不同。对此笔者认为,法学研究不同于语言研究,不需要过多地计较绝对意义上的语言准确,只需要相对意义上的新即可。例如,2020年5月28日《民法典》颁布新增了"个人信息保护",不免有人认为在2021年5月28日时(《民法典》颁布一周年时),个人信息保护

---

[1] 参见陈景辉:《权利可能新兴吗?——新兴权利的两个命题及其批判》,载《法制与社会发展》2021年第3期。

[2] 参见朱振:《认真对待理由——关于新兴权利之分类、证成与功能的分析》,载《求是学刊》2020年第2期。

制度就成为"旧"的了,失去了"新"的意义。这种时间意义上的观点对于法学而言是没有价值的,或者说不应是法学研究领域所关注的问题。隐私权在 20 世纪 70 年代才被美国法律所接纳,至今仍有文献认为隐私权是一种"新"的权利。

第二,有一个主观意识上的问题是如何去判断某种权利是否已经"实质性的存在",进而去说明某种权利是否是新型的,这种判断可能非常复杂。例如,贞操权是否是一种道德权利,那么对道德理解不同的人就可能存在极大的意见分歧。反对者认为不存在贞操权,于是证成贞操权的过程就会被视为一种新型道德权利的证成。但对于支持者而言,可能以为早已经存在贞操权,那么它就不属于一种新型的道德权利。

本书认为,对新型应做一般性的理解,其实质是权利是否"已存在"。换言之,"尚未存在"的权利才能被称为新型。易言之,对某种实体法中未规定的权利之确立的过程,就可以称为新型。

2."新型权利"的对象

研究新型权利的对象是什么,需要先对一般性的权利作出大致的解释。

(1)权利的一般概念

权利是一个宽泛的概念,其概念十分难以界定。从法学的视角来看,狭义的权利仅指法律权利,而广义的权利内涵广阔,不只是指法律权利。广义的权利十分抽象,以至于找出一个能完整解释权利的理论体系都十分困难,理论家对此已是众说纷纭。

比较法上,对广义权利的解释大致有两种观点,它们分别对应着两种不同的保护模式,即权利保护了利益与权利保护了个人选择。[1] 自然法学派的观点是权利更加注重"自由",例如,自我决定的自由、被社会契约约束后的自由,等等。[2] 因此,他们认为权利应当保护个人的选择。而功利主义学派

---

[1] 参见[加拿大]L. W. 萨姆纳:《权利的道德基础》,李茂森译,中国人民大学出版社 2011 年版,第 50 页。

[2] 参见[英]霍布斯:《利维坦》,黎思复、黎廷弼译,商务印书馆 1985 年版,第 97 页。

则从"权利—义务"这一模式的思路下解释权利,例如,边沁提出以权利的名义要求他人做某事,如果被拒绝,权利人就可以诉诸法律。① 因此,他们认为权利保护个人利益。两个学派也在不断地自我反思与互相融合之中,但可以肯定的是不同的学派主张对权利体系的解释也不相同。

我国学者对权利的解释存在一些不同的观点。张恒山教授认为,权利就是某种行为的正当性,而不是某种对应的关系。例如,"权利—义务"模式只是属于"两人社会"模式,而真实的社会是"三人社会"。② 两人社会指社会中只存在权利人与义务人。而三人社会多了"第三人"这个角色,他往往充当着评判者的角色。当评判者们达成一定程度上的一致之后,就形成了道德或者社会习惯,也就是权利的产生本源。与此类似的观点还有,法律权利是被国家法体系所认定的事实权利,法律权利并不是与法律义务一一对应的,法律权利也以道德权利为基础。③ 还有学者认为,我国现行法按照实质性的分类,权利表现为自由、法权利、个人特权(personal privilege)与个人豁免。④

究竟何为权利,霍菲尔德曾说这一术语已被不加区分地涵盖各种权利、特权与豁免等术语,⑤理论家们并没有对此达成一致的看法,众说纷纭。这是因为权利是如此重要,以至于其权利的范围一直在扩张。批判者们认为权利的不断扩张就像是通货膨胀降低了货币的购买力一样,导致了当今不停地在滥用权利概念,从而削弱了权能的实践功能。换言之,一套能解决所有问题的概念体系,最终可能连一个问题都解决不了。

本书无意图也无能力解决权利概念的统一性问题,也无法解决究竟哪种观点对于权利的解释更加科学的问题。但从以上的观点中,可以总结出

---

① 参见[英]边沁:《政府论》,沈叔平等译,商务印书馆1999年版,第229页。
② 参见张恒山:《论权利之功能》,载《法学研究》2020年第5期。
③ 参见陈景辉:《法律权利的性质:它与道德权利必然相关吗?》,载《浙江社会科学》2018年第10期。
④ 参见童之伟:《中文法学中的"权利"概念 起源、传播和外延》,载《中外法学》2021年第5期。
⑤ 参见[美]霍菲尔德:《基本法律概念》,张书友译,中国法制出版社2009年版,第28页。

权利的一些特征：第一，权利是一种群体的意志，其目的是保障个体或者群体的自由而获得的正当的强制力。第二，有的权利是抽象的，而不是具体的，不能与某种特定的具体的行为联系在一起。① 有的权利是具体的，与特定事实一一对应，如常回家看看的权利。当我们提到一种权利时，在直觉上总是将它与客观上的行为相对应，方便权利的实践性。但这种想法在面对一些基本权利时就会捉襟见肘，如生命权、隐私权等。第三，权利是道德的，以正当性为基础，受第三人的评价所影响，正当性越强第三人的意志越统一则权利的形成越容易。第四，权利是事实中所形成的，其包括道德权利、习惯权利、法律权利。第五，由于一些权利是模糊的，它们之间会存在冲突，尤其是基本权利。例如，法律尊重人的生命权，那么是否应当尊重胎儿生命的权利，这种争论已经存在很久，且有增无减。我们尊重妇女堕胎的权利，不代表我们不尊重生命权。

(2) 新型权利语境下的"权利"

对于"新型权利"这个概念而言，学界的理解并不相同，因此多数研究的行为对象并不统一，大致可以归纳为以下几种。第一种是广义的权利。有学者认为新型权利除了应当包括制度化的新权利形式，还需要包括有一定社会认可度与呼吁的但还未被法律所认可的权利（如安乐死的权利），以及有悖于传统权利还未被广泛接受的权利思想（如人工智能权利）。② 而如果对于"权利"本身做广义的理解，权利包括实证的权利和非实证权利。也就是说，除了法律权利，习惯权利、道德权利都属于权利的范围，甚至某种权利观念。第二种是广义的法律权利，即既包括法律法规中的权利也包括司法解释与案例中的权利。有学者认为，所谓新型权利就是在实体法中尚未确立，但在司法实践中已出现这类案件，法院对于某种权利请求予以肯定，或者某种权利请求得到了普遍的接受。③ 第三种是狭义的法律权利。也就是

---

① 参见张恒山：《论权利本体》，载《中国法学》2018年第6期。
② 参见姚建宗：《新兴权利论纲》，载《法制与社会发展》2010年第2期。
③ 参见谢晖：《论新型权利生成的习惯基础》，载《法商研究》2015年第1期。

存在于现行实体法中的权利。

对此本书认为,这三种均有可取之处,但又各自存在缺陷。第一种观点与第二种观点过于宽泛,难以把握。人与人之间的道德标准差异巨大,一部分人认为的权利,可能对于另一部分人而言并非权利。因此,对于道德权利或权利观念而言,根本无法把握。同理,由于我国并非判例法国家,司法实践中存在同案不同判现象,司法机关之间难以形成统一的认识,某个区域法院所确认的权利在另一区域内可能并不被认可。第三种观点对法律权利的界定显得些许狭窄,并非所有的法律权利都会被规定在法律中,如司法惯例。

本书的立场也更加偏向于新型权利的含义是新的法律权利。如果认为权利包含了道德权利甚至是权利观念,则一种新型权利的产生是很难的。人类的自我意识自诞生之日起,即在不断进化,难以产生一种新的权利观念或者道德。讨论新型权利需要排除这种个别思想观念上的歧义,应以一般法律从业者的理解为根据。且对于多法律从业者而言,对于权利是否已存在的理解是该权利是否已经由本国立法或司法确认,并非狭义的法律权利。因此,本书认为,新型权利应指尚未存在于法律、司法解释或者最高人民法院的指导性案例中的权利。

(二)新型权利的特征

实际上,新型权利的特征类似于核心权利,何谓核心权利?这里所谓的核心权利并不完全是我国宪法学意义上的权利。它是由约瑟夫·拉兹教授(Joseph Raz)在权利流动说中所提出的概念(core right)[1],本书也采用了核心权利这一概念,我国有学者也称为既有权利[2]。换言之,新型权利并非某种子权利,或权利束中的某种权利,更不是某种权能。它是对于人们较为基本的、重要的权利。依笔者浅见,核心权利需要有以下特征。

---

[1] 参见刘叶深:《为新兴权利辩护》,载《法制与社会发展》2021年第5期。
[2] 陈景辉教授在解释权利流动性时所用的术语是既有权利,参见陈景辉:《权利可能新兴吗?——新兴权利的两个命题及其批判》,载《法制与社会发展》2021年第3期。

其一,核心权利是具有绝对的正当性与重要性的权利,它们不需要花费过多的笔墨来论证就能得到人们认同,如公民的生命权、财产权。反之,某些权利还未成为公认的核心权利,无论是缺乏正当性基础,还是不能被大众所接受的,都不能认为它是核心权利,如动物权利、同性的婚姻权,等等。这些权利虽然具有一定的正当性,但大众还未达成基本共识,可能仍然需要通过地方性的立法或者区域判例来探索保护。

要求新型权利必须类似于核心权利的理由很简单,可以独立的新型权利其正当性也必须源自自身。如果一项权利需要借助于其他核心权利才能存在的话,那么新型权利的提出就将会受到质疑或者挑战,即其在现行法中已经存在,自然不能够称为"新"。

其二,核心权利需要具有普遍性。这就意味着,核心权利应当是在大多数人身上可以普遍适用的,而不是在特殊情况下才可适用的,如休息权与探视权。前者就具有一定的普遍性,而后者主要表现为在某些特殊身份下才具有的权利。

核心权利的普遍性源于权利在社会中是被过度使用的,"只要自己认为是合理、正当的需求,就可以称之为权利"[1]。换言之,对于社会大众而言,权利是一种简单且粗糙地表达自身诉求是正义的方式。正是在这种术语滥用的背景下,才诞生了许多"新"的权利,如"常回家看看"条款[2]。这种权利的诞生只是在局部领域中的利益平衡,或者说一种特殊的道德体现,即成年子女必须经常回家探望孤寡的父母,但不作用于父母外出打工必须经常回家探望留守儿童。因此,不具有一定普遍性的,不属于核心权利。

其三,核心权利需要具有流动性。所谓权利的流动性是指由于权利可以通过解释在一定程度上延展其边界,源于权利的抽象性。换言之,对于核心权利而言,它并不是对应了具体的某种行为,也不是具体指向另一方需要

---

[1] 夏勇:《权利哲学的基本问题》,载《法学研究》2004年第3期。
[2] 《老年人权益保障法》第18条明确规定:"家庭成员应当关心老年人的精神需求,不得忽视、冷落老年人。与老年人分开居住的赡养人,应当经常看望或者问候老年人。"

承担什么义务,仍以休息权与探视权为例,前者就具有一定的模糊性,便于对其范围扩充与缩限;后者较为具体,或者说指向了具体的权利或义务,其内涵的延展性有限。而缺乏流动性的权利不适合作为核心权利。这是因为,随着法学学科的日益成熟,法学工作者就会将层出不穷的权利归类,如把下位权放置在上位权之内。核心权利当然意味着它具有一定独立性,也就是不能成为其他权利的子权利或权能。如果一项权利不够抽象,只是特殊的领域中指向了一种具体行为,就容易被更加抽象的权利所涵盖。

但核心权利也需要相对清晰的边界,不能过于抽象,否则漫无边际的权利也会令他人的利益受损,也会让权利毫无意义。在欧盟法中,个人信息权曾一度被归为一种人权,就会为执法或者私法救济提供广阔的空间,即任何不能满足于人权标准的信息处理行为都会被视为违法。

其四,核心权利是应是具有持久性的,即未来将长期存在的权利。核心权利除了满足以上的条件还需要经得起时间检验,不能在未来长期存在的也不能认为是核心权利。例如,某些权利是基于时代特征或特殊原因而存在的,但未来并不会长期存在,如在"一胎"政策时的处罚权;或者过去虽然长期存在但因不正当而会演变的,如纳粹时期的屠杀犹太人的权利。

综上所述,由于新型权利并没有统一的概念,因此就需要对其进行界定,所谓的新型应该排除绝对意义上时间、地域、文义上的新,只要针对某个时代或者时间段为新即可。而所谓的权利是指在实证法中存在的权利,且可以满足核心权利基本特征。

二、新型权利证成的两种模型

我国学者曾提出了新型权利的驳论,[1]引起了广泛的讨论。[2] 其中总结

---

[1] 参见陈景辉:《权利可能新兴吗?——新兴权利的两个命题及其批判》,载《法制与社会发展》2021年第3期。

[2] 参见刘叶深:《为新兴权利辩护》,载《法制与社会发展》2021年第5期;张泽键:《权利无法新兴吗?——论既有权利具体化的有限性》,载《法制与社会发展》2022年第3期;王方玉:《自然、法律与社会:新兴权利证成的三种法哲学路径——兼驳新兴权利否定论》,载《求是学刊》2022年第3期。

出了新型权利存在的两种路径,即领域模型(realm thesis of new-rights)与情景模型(context thesis of new-rights)。笔者认为逻辑较为严谨,可以作为新型权利的证成模式,我们先从领域模型谈起。

(一)领域模型

1. 领域模型的概念

领域模型源自汤姆逊教授提出的权利领域理论(realm of rights),其中讨论了权利究竟是什么,来自哪里等。[①] 新型权利生成的领域模型是指,存在于道德领域但不存在于法律领域中的某项权利诉求,开始进入法律领域的过程。虽然生活中许多诉求的正当性是由法律赋予的,但也有一些源自道德。即本来就存在一种道德权利,现在需要将其上升为法律权利,就可以看作"新"型权利的诞生。

换言之,假如某些诉求没有获取法律上的正当性基础,它们仍然能够得到人民大众的广泛支持,这些支持基础就源于道德领域,或者称为道德权利。例如,民法典规定了夫妻关系负有相互忠诚的义务,但并未规定恋爱关系也具有此种义务。因通说认为恋爱属于纯粹的私人事务,即情谊行为,法律不应当加以干涉。但其在社会上仍能够获得足够的强制性与对抗性,甚至得到某些规范的确认(如校例)。汤姆逊教授认为,权利属于一种复杂的道德权属,或者说拥有权利就是拥有一种道德地位。也就是说,当我们因为某些原因失去了这种道德地位,也就失去了一些权利。例如,感情的"背叛者"在网络上被曝光时,往往可能会因此而失去工作、背井离乡,并且难以隐私权、名誉权等理由进行对抗(撤销处分、恢复名誉、赔偿损失,等等)。

领域模型存在的主要原因在于,法律权利比道德权利具有更高的强制力。现实中,某种普遍存在的利益或者关系受到侵害,亟须社会对其施以强制性保护,而道德权利并不具有这种功能,因此需要将其上升为法律权利。

---

① See Judith Jarvis Thomson, *The Realm of Rights*, Harvard University Press, 1990, p.37-176.

但并不是任何存在于道德领域的内容都可以进入法律领域,道德领域内的内容过渡到法律领域需要一定的条件或者理由。如果某种诉求原本是道德领域的内容,而将新型权利理解为法律权利,就得出了领域模型。换言之,领域模型就是指将本不存在于法律中的道德权利转化为法律权利,即领域模型的证成过程,(道德权利)MR→(法律权利)LR。

2. 对领域模型的质疑

依笔者所见,学者质疑领域模型的逻辑可以分为两层:第一,道德权利是与法律(核心)权利相关的,即不存在没有道德权利基础的新型权利。[1] 此命题前文已有论证,不再赘述。第二,法律的强制性是否为领域模型的核心要素,也就是质疑法律强制对于法律(核心)权利的必要性。因为,多数人在讨论领域模型时,基本上都是从法律强制力这个理由入手。假如法律强制对于法律权利来说并不是最重要的,或者说存在没有强制性的法律权利,那么法律强制也就不是道德权利转变为法律权利的关键原因。于是从功能上而言,法律权利与道德权利并不存在巨大的实效差异。如此,领域模型存在的必要性就会大打折扣。

为什么说法律强制对于法律权利来说并不是最重要的,换言之,为什么主张法律强制不是法律权利的普遍属性,学者给出了三个理由。第一,法律权利与法律强制不是一一对应的,即存在没有强制性的法律权利,例如,生育权就不能强制。申言之,如果没有法律强制的法律权利也存在,那么法律强制力对于法律权利就不是必须的。第二,多数情况下,法律权利只发挥了指引作用,即社会大众是通过遵守法律来塑造自身的生活,而违反法律的惩罚(强制作用)只是少数情况。第三,当道德权利足够重要时,则法律就必须选择保护,难以作出违背它的规定,如生命权,如今我们很难想象某个区域的法律规定人不具有生命权,即使某些残存的原始部落没有法律,生命权一样会得到保护。在某些特殊的时期,可能会有一些荒唐的法律,如纳粹法律

---

[1] 参见陈景辉:《法律权利的性质:它与道德权利必然相关吗?》,载《浙江社会科学》2018年第10期。

不保护犹太人的生命权。但即使法律作出如此的规定,也不会得到普遍的执行。因此,重要的道德权利对法律强制具备对抗性,违背该道德领域的法律权利不会得到社会大众的尊重。申言之,假如一项权利诉求在道德领域足够重要,法律是否对其进行确认并不重要。

综上所述,权利诉求必然以道德权利为基础,那么领域模型只不过是把已存在的道德权利通过法律的形式再次表达,缺乏新的意义。且如果该诉求举足轻重,也并不必须诉诸法律强制。于是,就会从根本上否定了新型权利这个命题。

3. 对质疑领域模型的回应

笔者将针对这两层质疑的逻辑分别进行剖析:

第一,假如新型权利不过是对道德权利的法律确认,那么还能称为"新"吗?此种讨论实际上属于新型权利的价值判断。即使新型权利是对道德权利的法律确认,或者说它是对道德权利的实践,也是有意义的。

新型权利的提出便于形成统一的权利认识,减少对道德权利理解的分歧。道德的范畴宽于法律,即使是普遍认可的道德权利也可能存在分歧。如平等权,对于平等权一般的理解是女性的权利应当与男性同等的时候,或将其称为男女平等权,我们会以为同等保护即是平等权,这是符合道德的。但在法学中,同等的保护并不能达到真正平等的目的,需要进行差异保护,比如,女性的退休年龄与男性就有所不同,差异化的保护女性权利是平等权的应有之义,也是符合道德的。于是,这两种解释都是符合道德的,但在道德上就会发生分歧,仅从道德权利入手这种分歧是无法调和的。甚至,因差异保护的权利观念是因人而异的,部分人会认为受到"被平等"对待此事本身,就是一种歧视。通过道德领域的自然演化形成统一的权利认识,演化的时间可能会非常漫长。而如果通过新型权利的概念,过程就会被简化。

我们可以认为因为出现了新的权利(即使它可能本就是道德领域的部分),对于道德分歧会有一种引导作用。例如,"女性权"这个新的权利概念就可以帮助男性理解这种差异保护,这个概念比平等权更有助于形成统一认识,即使它可能就是源于男女平等这个道德观念。

第二,反对领域模型的实质性理由是,即法律强制力不是作为道德权利变为法律权利的主要根据,那么法律强制力是新型权利这个概念存在的意义吗?即使认同道德权利具有强制力,我们也仍然无法忽视法律强制力对于法律权利的重要性。

首先,法律权利能够快速建成的具有对抗性的力量。法律权利的功能并不完全在于通过法律诉讼实现主体的诉求,抑或对个人生活的指引。法律权利的特殊优势是,无关乎支持它的人有多少,法律权利本身就可以赋予权利人对抗大多数反对意见的能力,这也是为何法律权利如此重要的原因。① 无论道德权利有多普遍,总会存在反对它的群体,毕竟并非所有的权利都会像生命如此重要。例如,隐私权固然重要,但因为安全、效率等目的,甚至群体性狂欢等原因,总有反对者。假如,某个主张隐私权的个体置于反对隐私权的群体当中,依靠道德很难发挥强制力。那么,此时法律权利可以被用来弥补道德权利的强制性,即使如此的新型权利看似是对道德的重复,也是有意义的。

其次,道德权利的强制力跟社会环境的道德水平有关,如果某个地域普遍道德认知不足,那么道德的强制力也无从谈起。例如,即使生命权如此重要,纳粹分子对犹太人、奴隶主对奴隶,都不会被道德的强制力所约束。

再次,道德权利强制力的强弱与违规人的道德水平相关,道德程度极低的人很难被道德本身制裁。例如,对不讲信用的"老赖",通过社会舆论谴责或者教育并不会对他们产生效果,当然法律制裁也不是必然有效,但一定会强于道德。

最后,道德权利的标准并不固定,一旦面对新的情形就会出现模糊状态,科学的发展或者生产的力的进步都可能扭转道德认知,甚至强势的一方可能会故意通过一些方法影响人们的道德认知。例如,在 20 世纪中期,吸烟

---

① 参见雷磊:《新兴(新型)权利的证成标准》,载《法学论坛》2019 年第 3 期。

被艰难地证明是有害的。烟草商曾将吸烟标榜为成功人士的标志,并且雇佣了许多专家来证明、游说"吸烟并不影响健康"这个命题。此后,人们用了几十年时间与烟草作斗争,捍卫自己的健康权。

(二)情景模型

1. 情景模型的概念

尽管领域模型的路径已经非常广阔,但它并不能涵盖新型权利生成的所有路径,领域模型它无法匹配某种权利诉求并不来自道德权利,又需要成为法律权利的诉求。[①] 上文中已经提到,当社会中出现了某种新的情景,新情景的诱因可能很多,如科技发展、人类文明的进步、战争革命带来的社会变化,等等。在新情景下,人类某种利益的被侵害的情形日益严重,将某项原本不适用于该情景的法律权利变得适用,这也相当于创设了新的权利。换言之,提出某一类诉求的理由是基于出现了一种新的场景,且在此场景下缺少相关适用的法律权利,这一类的诉求可称为情景模型。

情景模型与领域模型的根本区别是,情景模型可针对从无到有的情形,具体可分为两种情况。第一种是原本就存在的法律权利 LR. X,由于新情景的出现变为了 LR. A,即 LR. X→LR. A。第二种是新情景导致的外部理由足够强烈,某种利益 A 跳过了向 MR. A 的演变过程,直接变为 LR. A,即 A→LR. A。虽然某种权利诉求欲上升为法律权利,其一般是道德的,但权利诉求并不必须来自道德权利,甚至也可能是不道德的,在此不讨论不道德情形。

2. 对情景模型的质疑

质疑情景模型的核心理由是既有的权利足以面对新的情形,具体也可分成两个层次,一个是通过既有核心权利的流动性,另一个是通过权利观念而论证的。

[①] 参见陈景辉:《权利可能新兴吗?——新兴权利的两个命题及其批判》,载《法制与社会发展》2021 年第 3 期。

(1)核心权利的流动性

我们先从权利的流动性开始归纳,核心权利的流动性理论上文已经初步进行了介绍,基本概念不再赘述。通过法律中核心权利的流动性来解决不断涌现的新情景,有三种方式:权利的具体化、派生权利与创设义务。[①]

第一,权利的具体化。权利的具体化的概念是与权利抽象化相对的,也就说如果有一种既有的法律权利能把新型权利的诉求(全部或者部分)吸纳进来,那么被吸纳的诉求就成了该既有权利具体化的过程。以隐私权与个人信息权为例,当个人信息被泄露时,人们会当然地以"你侵犯了我的隐私"为诉求寻求权利保护,而不是"你侵犯了我的个人信息",于是在诉讼中,个人信息权往往都会以隐私权的形式出现。在理论界也有一些支持这种做法的观点,有的学者认为,个人信息必须重回隐私范畴,那么《民法典》第111条就是对第110条(隐私权)的宣示性规定,将《民法典》人格权编第六章更名为"隐私权及其保护",用隐私信息代替个人信息的概念,重新界定隐私概念,等等。[②] 其理由是,作者认为个人信息主要体现的是隐私利益。但权利的具体化会面临两个显而易见的问题。

一是新型权利的诉求与既有权利的内核可能并不完全相同,否则就没有呼吁新权利的必要。例如,个人信息与隐私之间有着天然的隔阂,隐私往往被理解为是不能公开的个人事务,而个人信息则必须要在一定的程度上公开并被使用,这是一个本质上的矛盾。当然,学者们也对该问题进行了解释,隐私信息(个人信息)具有一定的社会属性,可以采取相对标准的隐私公开,即在一定程度上公开隐私,并重视隐私判断的动态模式。[③] 另有学者认为,如果以单一元素(公共事务、个人事务)来看待隐私,将注定是失败的,无

[①] 参见陈景辉:《权利可能新兴吗?——新兴权利的两个命题及其批判》,载《法制与社会发展》2021年第3期。

[②] 参见房绍坤、曹相见:《论个人信息人格利益的隐私本质》,载《法制与社会发展》2019年第4期。

[③] 参见房绍坤、曹相见:《论个人信息人格利益的隐私本质》,载《法制与社会发展》2019年第4期。

疑也会造成重隐私,轻视个人信息,而应对该情况的方式是运用情景完整性理论,即通过动态的、场景化的多元体系,将控制信息的传播作为隐私的起点。① 以上观点均可以归为权利的具体化,权利的具体化所主张的观点即通过某种法律中的核心权利来替代个人信息权的作用,为方便论述后文将这些核心权利简称为"流动权利"。

二是某种新型权利的诉求可能是较为宽泛的,只通过一种权利的流动性难以概括。通过解释论,流动权利既可以是一种也可以是多种。多种流动权利的替代方案即这些核心权利发挥其各自的流动性,最终能够完全覆盖某种权利诉求。例如,个人信息权中的隐私信息保护部分可由隐私权吸纳,并赋予隐私权一定的公开性满足信息社会的要求,涉及社会平等的地方由平等权吸收,等等。

第二,派生权利。派生权利是从既有的核心权利中派生出一个权利,从而满足新型权利的诉求。与权利具体化不同的是,这种由既有权利派生出的权利是具有一定的独立性的。与新型权利不同的是,派生权利虽然能够独立于权利源,但它仍需要间接地从既有权利中寻求存在的正当性,这与构建新的权利完全不同。学者所举的例子是相邻权,购买房屋取得所有权时,房屋所有权会派生出使用相邻电梯的权利,权利人有使用电梯的自由,也可以选择步行上下楼。换言之,当权利人使用电梯的权利被他人妨害时,则他可以声称自己有使用电梯的权利,但这种正当性是源于其对房屋享有所有权。② 而构建一种新型权利应当是完全不需要从其他的权利中寻求正当性,新型权利本身就是正当的。

第三,创设义务。创设义务与派生权利相类似,但创设义务是从既有权利内单纯地创造了一项义务。但在此处会产生一些概念性的争论,即权利

---

① 参见倪蕴帷:《隐私权在美国法中的理论演进与概念重构——基于情境脉络完整性理论的分析及其对中国法的启示》,载《政治与法律》2019年第10期。

② 参见陈景辉:《权利可能新兴吗?——新兴权利的两个命题及其批判》,载《法制与社会发展》2021年第3期。

与义务的关系。如果认同边沁对权利概念的阐释,即权利与义务是一一对应的①。那么,派生了新的权利就相当于为他人创设了一项义务,于是派生权利与创设义务就不存在区别。实际上,许多学者并不认同义务与权利是一一对应的关系。在法律中,既存在与权利是对应关系的义务,如债权。又存在仅仅是单向性的权利或者义务,如见义勇为。即使我不行使某种行为,他人也不能要求我受到法律惩罚。也就是说,无论是派生权利还是创设义务既可能是创造了双向性的权利或义务,也可能是单向性的。

所谓"创设义务"是指在不改变原有权利的基础之上增加新的义务,一旦该义务遭受了质疑,则仍需要从"源权利"中寻求正当性。创设义务与派生权利的相似之处在于,它们都具有一定的独立性,不能是完全被包含于既有权利之中的,这也是它们与权利的具体化的根本性区别。创设义务与派生权利的区别在于,当事人是否有自由选择的权利。既有权利所派生的权利,权利人必然会有自由选择的空间。而创设义务,则是限制性的,不存在自由选择的可能。

综上所述,反对情景模型的学者提出了三种方式替代创设新型权利的路径。具体而言,是通过对既有权利的"创设义务"、"派生权利"或者权利"具体化"来解决新场景对法律的挑战,反对构建新的权利。如果能通过这三种方式来解决上述的场景,个人信息权就不能称为新型权利。申言之,"如果通过主张新型权利的方式保护,那么将一般性地否认权利的动态性"②。

(2)权利观念

如果在既有的法律权利中,通过发挥流权利的动性也无法涵盖新型权利诉求的话,就需要借助权利观念。所谓的权利观念又可以被解释为权利存在的内在理由(intrinsic reasons)。当一项权利被法律所确认时,大致可以

---

① 参见[英]边沁:《政府片论》,沈叔平等译,商务印书馆1995年版,第229页。
② 参见陈景辉:《权利可能新兴吗?——新兴权利的两个命题及其批判》,载《法制与社会发展》2021年第3期。

分为两种原因,即内在理由与外在理由(extrinsic reason)。内在理由是指,某种权利诉求涉及普遍的道德或者习惯,最终被法律所确认。它往往是与人类生存最基本的尊严与保障息息相关相关,是人作为一个"人"的基础,如生命权、名誉权,等等,权利的内在理由与领域模型关联紧密。

而外在理由,更多的是基于社会发展的现实需要或者政策变化等因素而产生的,具有较强的时代性特征。例如,在农耕社会机械还未大规模普及时,由于农业经济的展需要大量劳动力,因此许多地区的奴隶可以被视为财产进行交易,于是就会诞生一种以奴隶为客体的财产权,这符合当时的社会需求或者政治需要。而进入机械化时代以后,社会产出过剩,对劳动力的需求大大减少,奴隶权利也就会随之发生改变。这就是由外部环境改变而引发的权利嬗变,也被称为权利的外部理由。申言之,权利的内在理由是一项权利长久存在且非常重要的原因,内在理由往往不会发生改变,或者难以改变;外在理由并不能与权利的重要性相关联,因外部环境改变而产生的权利诉求不一定具有绝对的正当性,且外在理由则可能随时发生改变。

权利观念也可以解决权利面对新场景的问题,而不需要借助生产新型权利。当无法找到一种既有权利时,新型权利的诉求可以诉诸权利观念。例如,在没有隐私权没有诞生时,人们实际上也在保护隐私。我国古代保护隐私主要依靠习俗(custom),即习惯风俗。习俗属于非正式的社会制度,如礼法、习惯法以及其他的较长时间所形成的不成文规定。隐私也在不同时期、不同地方有不同的习惯予以保障,大部分隐私习惯并非通过法律与国家干预,大多数隐私纠纷也并非由司法官员解决。传统社会里,个人更多的是与自己亲密的人生活,因此隐私规则主要由习俗确定。最简单的办法是根据习俗来设置空间上的隔离。空间不仅能展示个人的权力、地位,同时也能保护隐私。例如,中国古代的"父子不同席""男女不杂坐,不亲授"等。由此可见,习俗就可以被视为一种权利观念。

结合本书的主题,这个推论就变成个人信息权主要是为了面对信息社会这个新场景所应运而生的。而新场景的出现属于外部原因,那么个人信息权所存在的理由就可能因为技术的改革而改变。如果能够出现一种信息技术,使个人信息被加密,无法危及个人隐私,那么个人信息权也就失去了存在的理由。

综上,学者就实现了一个较为完整的驳论。能够通过既有权利流动性的就诉诸既有权利,不能通过既有权利解决的就借助权利观念,权利的流动性与权利观念形成完美的互补,都可以否认情景模型的存在。

新型权利的反对者提出了新型权利生成的两种模型,这些观点是值得肯定的,也具有借鉴价值。必须指出的是,本书虽赞成新型权利的生成,由于新型权利并没有统一的概念,研究者们对许多术语概念甚至语言含义的理解不同,其研究结论看似相反,但可能核心思想可能殊途同归。

3. 对质疑情景模型的回应

(1)既有权利的具体化是可行的吗

对于权利具体化而言,最关键的问题是既有权利能否覆盖所有的新型权利诉求。这里需要分两种情形讨论:

第一种情形是通过一项权利的具体化涵盖新型权利诉求。但在现实中这往往不能做到,以隐私权为例,隐私权无疑是最接近于个人信息权的权利。然而个人信息可以分为私密信息与一般个人信息,对于一般个人信息的侵犯显然不能等同于侵犯隐私权。退一步讲,即使把权利视角锁定在对私密信息的保护,隐私权也无法驾驭数字时代。虽然如今隐私权理论也在不断发展之中,但似乎已行至止境。面对数字侵权也已经显得力不从心,法律需要创设个人信息规范捍卫隐私利益基本已达成共识。早在 2003 年,国务院就开启了保护个人信息的相关立法工作。2005 年,就有学者完成了第一部个人信息的立法建议稿。[1] 王利明教授也认为,我国民法典中应该明确包含保护个人信息的条款。[2] 可见,虽然个人信息权源于隐私权,隐私权也

---

[1] 参见周汉华:《中华人民共和国个人信息保护法(专家建议稿)及立法研究报告》,法律出版社 2006 年版,第 146 页。

[2] 参见王利明:《中国民法典草案建议稿及说明》,中国法制出版社 2004 年版,第 53 页。

是与个人信息权最为接近的权利,但也仍然无法将个人信息权涵盖。

第二种情形则较为复杂,是通过多项既有权利的具体化,从而分割式地满足新型权利的诉求。虽然个人信息权的法益基础十分广泛,或者说个人信息权的正当性可源于多种道德权利,那么能否将它分割于多种既有权利之中呢。笔者认为这种做法也会缺乏可操作性,个人信息权所规范的是信息处理的行为,当信息处理的行为合法且正当时,则可以保护人格、平等、安全等多种价值,但如果反过来用人格权、平等权、国家主权来取代个人信息权就会非常困难。换言之,个人信息权的诉求对几种既有权利的实践选择,它是根据具体情况而采取的对于模糊的道德权利的保护方式。假如以模糊的权利替代具体的权利则会损害法律的实践性。因为既有权利的位阶并不相同,造成新型权利被切割时适用差别极大。

例如,一旦个人信息权涉及国家安全,其位阶就会被极大地提高。如果将个人信息跨境转移的部分交给《国家安全法》来处理,那么会无限地扩大执法依据,规范就会变成执法者的个人意志,等于无法可依,2020年的TikTok事件就是最好的例证。因此,以分割式的权利代替个人信息权时,都会无可避免地出现实践时无法精准操作的问题。

而且,平等权或者国家主权也是不可能替代个人信息权的,因为个人信息属于个人的人格利益,个人的人格利益显然不能等同于国家的利益。而平等权源于宪法,本意是保障公民在法律面前具有平等的地位,其引申含义可能包括了《民法典》第6条的公平原则。但这也是原则性的规定,或者可以说大多数权利都能够体现公平、平等价值。过于原则化不具有针对性,也难以操作。

(2)派生权利与创设义务是可行的吗

派生权利说是认可了在名义上创造了新的权利,而其正当性需要完全依赖于既有权利,也就是在实质上否定了新型权利这个概念的价值。在比较法中,个人信息权也曾被视为派生权利。例如,个人信息自决权的滥觞之地——德国,其正当性多需要向隐私权求助。"是否保护个人信息自决权的理由仍来自隐私权,法院重点考察隐私权是否受到侵害。"①但缺陷也很明显,权利派生说必然要求新型权利与既有权利之间属于主权利和从权利的关系。但对个人信息权而言,这种说法就很难以奏效。假如我们认为个人信息权属于隐私权的派生权利,但一般的个人信息并不具备这种隐私的属性。而且,许多个人信息的处理都是个人已公开的信息,被处理者所收集,既然是已公开的信息就已经难言属于隐私权。换言之,隐私权属于传统民法中的私人领域,公权力难以介入。而个人信息的保护有需要注重公法规范,保护个人信息并非单纯的私法任务,公法规制也必不可少。② 从这样的解释中我们可以看出,个人信息的保护绝对超出了隐私权的范畴,不能被视为一种从权利。

而且,就私密信息而言,虽优先适用隐私权规则,但也不能视为隐私权的从属权利。私密信息虽然隐私利益息息相关,在私密信息被侵害时,也可能无法向隐私权寻求正当性。正如上文所言,隐私权注重防范自身隐私被他人所知晓这个过程,而私密信息可能是不得不被知晓的信息,例如,去医院看病,医生自然会知道病人的病例信息。但在知晓了以后,它仍需被个人信息权所规范,因此私密信息规则并不属于隐私权。

对于新型权利而言,创设义务说则是明显不可行的。因为权利诉求明显是在凸显主体对自身权利的呼吁而非义务。而且在法律文本中,往往也会以"权利"二字对新情景做出回应,如《个人信息保护法》第四章名为"个人在个人信息处理活动中的权利"。因此,创设义务说过于局限。

(3)权利观念能代替既有权利吗

上文提到,当缺乏既有权利时就需要借助权利观念。但权利观念过于模糊,会让裁判者无法适从。例如,上文所举的例子,习俗或者说习惯往往

---

① 杨芳:《个人信息自决权理论及其检讨——兼论个人信息保护法之保护客体》,载《比较法研究》2015 年第 6 期。

② 参见房绍坤、曹相见:《论个人信息人格利益的隐私本质》,载《法制与社会发展》2019 年第 4 期。

能体现权利观念,民法典也将习惯作为民事纠纷的处理依据,但习惯就是十分模糊、难以把握的东西,它会因时而异、因地而异,造成不同地区之间对权利的保护差别极大。此外,权利观念的可能会与法律权利相冲突,此时原则上都需要遵从法律权利,这是因为法律强制力的优先性。例如,没有个人信息权时,以隐私权为由可以拒绝任何采集个人信息的行为。

(4)情景模型存在的理由

情景模型同时包含了法律权利与权利观念两种模式,需要分别进行阐述:

第一,法律权利。法律权利可适用于情景模型是因为法律权利必然存在一种局限性,实体法已规定的权利并未穷尽人类所有的权利诉求。因此,有学者认为,法律权利也是当下生活的一种反应,它是立法者对本国人民日常交往行为的一种筛选结果,或者说它是对此时此刻、斯国斯民之需要的一种表达。① 既然是时代性、地域性的需求,现实中的法律就必然不可能囊括人类的权利。例如,美国黑人与女性在很长一段时间没有投票权,当时代发生变革后,黑人与妇女才在实体法上获得与白人男性同等的法律权利,但之前的法律不存在这种权利。于是从法律权利的角度,就有一定的理由称之为新型权利。

第二,权利观念。权利观念源于道德,道德相对于政策、科技影响而言是不容易发生改变的,因此相比法律权利而言,权利观念的存在更加长久与坚固,是否存在未被人类发觉的权利观念值得思考,笔者先从这个角度切入。

正如上文所言,道德又可以被认为是法律权利的内在理由,那么对于权利观念而言是否也存在外部因素呢?既然权利观念源自道德,那么一旦当道德发生变化则权利观念也会有新的诉求。道德不容易受外部因素的影响,但并不是绝对不受影响。道德是多数人所认可的善恶评价方式,如生

---

① 参见谢晖:《论新型权利生成的习惯基础》,载《法商研究》2015年第1期。

存、生育,等等,人们很容易达成共识。但人对于善恶的观点是会发生改变的,即以前是"道德的"现在可能就不是"道德的"。换言之,道德可能是存在时代与地域的差异,导致在部分环境中是失效的。

值得注意的是道德不等于权利观念与道德权利,道德需要一定广泛的认可度才会逐渐形成权利观念与权利强制力。以女性的权利观念为例,在20世纪以前,女性不许投票在当时也没有被认为是不道德的,因为当时人们认为女性承担的社会责任、为社会所做的贡献较少,因此没有投票权。可能当时存在某种正义的认知(女性应当与男性享有平等的投票权),但当社会中不存在或者人们不认同某种道德的时候,就不会形成权利观念。申言之,妇女没有获得投票权这种现代社会最基本的权利,不是因为当时的法律缺乏平等权,而是基于时代的认知,斯国斯民认为女性不应当投票是平等的。但当社会的经济基础发生变化,女性在社会中各个方面所承担的责任与义务均不输于男性时,社会对平等的理解发生分歧,部分人认为女性不应当获得投票权;部分人认为女性应当获得。于是"女性应当投票"的权利观念开始崛起,我们就可以称之为新型的权利观念。但此时我们不一定会称之为平等权,而是称它为某种新型权利(假设是女性权利),即使其权利的正当性依旧是源自平等权。这种权利观念在原有道德上进行了升级,甚至是超越了平等权的存在。于是,我们会声称一项新型的"女性权利"(即使其本身还是在践行平等权)产生了。相信在大多数人的语境里,权利观念形成之前应会普遍认为"女性没有这项权利",而权利观念形成之后会认为"这是新的权利",这也是新型权利的演变过程。

综上所述,当道德发生改变时,就可能会存在未被发掘的权利观念。即原本"非道德"的 A,变为了"道德"的 A,所以成为了权利观念 CR. A 的一部分。但随着社会发展,出现了一种外部理由(如因为种种原因对保护 A 的现实紧迫性认知不足),必须提升保护 A 的权利观念,因此开始提倡 LR. A。上文已有介绍,这属于权利观念成为法律权利之模型。申言之,如果存在未被发现的"权利观念",加上现实中亟须保护的紧迫性之催化,那么它就可能会被立法者上升为新型法律权利。只要这个过程足够快与迅速,就可以忽略时间的维度,也就可以称之为"新"。以生育权为例,我国最近开放了"三孩政策",也就是公民具有了生三个孩子的权利,这也可以被称为"新"。

那么,如此所产生的新型权利又有何意义呢?意义在于新型权利的法律强制力,可以对权利观念之间的冲突起到拨乱反正的作用,如此情景模型就是有意义。具体而言,当社会的权利观念发生冲突时,通过权利的具体化往往无法解决问题。例如,平等权的权利观念有两种理解:第一种是相似情形中的绝对平等,第二种是差异化保护。第一种理解是字面上的,如同龄男女都一样;第二种理解是深层次的,如男性与女性抢排队就有失平等,比较绅士的做法是女士优先,但后者需要社会普遍具备更深层次的法律思维才能践行。如果不具备这样的社会基础,仅仅依赖权利观念进行判断,一旦产生权利观念的矛盾冲突就可以说这是法律的指引失位。

以全网关注的"货拉拉"案为例,由于乘车人是女性,在司法实践中,同等情形下不免受到一些不同于男性的特殊照顾。这是由于我国女性在社会中日益占据更重要地位,其思想意识与自由需求也迅速崛起,催生了更多的权利要求。这种权利观念的崛起与传统观念形成了激烈的冲突,对于司法的影响是巨大的。但舆论无法理解,为何男性遭遇同样甚至更恶劣的情形,法律的天平没有向他们倾斜。于是,舆论就逐渐发酵为司法如此"偏袒"女性一定有"特殊"的原因。恰逢该地的司法人员中女性居多,这在实际上是加剧了男性群体对女性权利的无知与不解。[1] 这种现象好的一方面是,通过舆论热议可以进一步促进司法机关的自我反思。而不好的一方面是,在一定程度上引起了社会观念的分裂与矛盾的激化,同时使法律人遭受一定的负面影响。在这种情形下,有些人往往会认为这是由于法律权利的局限性,法律不是万能的。但实际上,新型权利在权利观念激烈的冲突下,能发挥巨大的作用。例如,通过某种新型权利的诉求来推动法律解释或者细化平等

---

[1] 参见金华、周丽:《女性主义视域下货拉拉事件的舆情传播分析》,载《视听》2021年第7期。

权,则公众就不得不进一步了解法律权利之内容,便于减少社会分歧。即如果不是新型权利的呼吁发挥作用,这种利益根本无法得到保护,这也是情景模型存在的意义。除此之外,还存在权利流动性不能解决的外在理由,就不再列举。

到此,本书已经证明了领域模型与情景模型是存在的,也就是说新型权利存在的路径已经被完全打通,即情景命题可以支持新情景下出现新兴的法律权利,领域命题可以支持道德权利成为新兴的法律权利。对于个人信息权而言,其成为新型权利的路径已经存在。

三、个人信息权的新型权利证成

既然领域模型与情景模型都可以作为新型权利存在的方式,那么个人信息权作为新型权利应属于哪种模式呢,笔者更偏向于领域模型而不是情景模型。

从上文的论述可以看出,个人信息是兼具个体性与社会性的重要资源,个人信息权的设置是为了保护个人信息,但不是单纯地保护个人信息。信息只是一种载体,它可以反映肖像、隐私、习惯等多种内容。通过情景模型来证成个人信息权时,就需要具体分析是哪一权利在面对新情景时生成了个人信息权。然而个人信息权实质上是在信息处理过程中,信息主体所享有的一般性之权利。即无论在处理一般信息、隐私信息还是其他信息的过程中,信息主体均享有的权利。

由于信息处理行为存在共性,个人信息权是具有独立性的。但又因为信息集合所包含法益的广泛性,它又难以被解释成一种既有权利在新情景中的创设,以隐私权为核心的创造解释也大多以失败而告终。在早年研究中,很多人都认为个人信息权不过是网络中的隐私权,于是多数研究都认为保护个人信息就是保护个人隐私。而近年来的研究,学界普遍地认为法律应当保护个人信息,相应的立法也对此予以了确认(虽然还没有法律明确称之为个人信息权)。

(一) 个人信息权与道德权利

个人信息的保护是否属于道德权利,是一个很少会被讨论的问题,本书对此进行简要的论述。

1. 保护个人信息属于道德权利

由于个人信息所包含的利益的十分广泛,其中不乏健康、肖像、隐私等具体的人格利益,也包含了所谓的一般人格利益。而且保护个人信息已经达到了约翰·密尔所说的道德权利之实践标准,保护个人信息与人格权中的自我表现(die Selbst-Darstellungs-Theorie)概念息息相关。个人的自我表现是个人与他人在社交时的外在表现,是人的交往行为的总和。在现代社会,每个人都扮演着不同的社会角色,在其社会角色的影响下,个人的自我表现往往不同,而人格就是个人不同的自我表现的集合。所谓人格自由发展,不仅要强调发展是自由的,还要保证这种发展是根据个人自由意志的。如果个人信息不能被保护,个人决定人格的自由发展就会受到限制。因此为了保障个人人格的自由发展,应当包含个人可以自主决定如何使用自己的个人信息。

此外,自我表现论解释了法律为何保护隐私与个人信息的问题,即在日常社交中,占有信息优势的一方就会占据社交优势地位,进而通过优势地位获取利益,这就对信息弱势的一方产生人格与财产的不利影响。同时也解释了为什么无论个人信息是否涉及个人隐私都具有被保护的价值。总之,保护个人信息与个人的人格自由息息相关,不需要过多的论证就可以让人们达成共识,尊重他人的自由无疑是一种道德上的义务,权利人也就应当具有这种道德权利。

2. 个人信息权背后的道德权利

从宏观角度而言,法律权利与其背后的道德权利本就不是对应的,一种法律权利的背后可能是多种道德权利。例如,隐私权背后除了基本道德权利,可能还有荣誉权、名誉权,等等。因为,法律权利可以是多种道德权利的具体实现方式。

对于人格权而言,人格利益往往具有相通性,因此也导致了人格权的客体难以清晰划分。如隐私遭受侵害也可能会令荣誉、名誉遭受损害。同理,就个人信息权而言,其背后的道德权利构成是多元复杂的。具体而言,个人信息权背后的道德权利大致有以下三种:

第一,隐私权。隐私权与个人信息权的渊源深厚,而且它们所保护的法益也具有很强的相似性。在实体法上,尽管个人信息保护规则已经突破了传统隐私权的范围,但隐私权与个人信息权的关系依然相当紧密。在数字社会,谈及隐私权保护必然涉及个人信息的合理利用,同样侵害个人信息权的纠纷许多都会牵扯至隐私权的判断。

隐私权的提出本是为了防御个人隐私流入社会,造成个人与家庭、社会之间的关系张力激增。而个人信息权的诞生即源于隐私权逐渐失去了保护个人隐私利益的能力。在数字经济时代,科技手段日益加重对人们的隐私利用,信息共享已成为常态,个人信息已经具备了社会属性。但信息主体依然对个人信息抱有隐私保护的期待,因为信息在处理时很容易突破匿名性,从而侵入个人隐私领域。所以,不仅在研究中有许多支持个人信息权实质上是隐私权的主张,在司法实践中将隐私权作为个人信息权之流动权利的情况也一直都存在。[①]

第二,平等权。平等权最早是法国《人权宣言》中所确立的内容,经过多年的传播与发展,平等权早已在公众的思想与道德中达成共识。但在我国法律中,平等权的内涵是什么,尚存争议。通说认为平等权是宪法中的一项基本权利[②],要求国家同等地保护公民的权利,公民平等享有权利与履行义

[①] 参见"廖某诉曾某隐私权案",北京市海淀区人民法院(2009)海民初字第11219号民事判决书;"孙某某诉中国联合网络通信有限公司上海市分公司侵害隐私权案",上海市浦东新区人民法院(2009)浦民一初字第9737号民事判决书;"吴某慎与李某明等隐私权纠纷上诉案",广州市中级人民法院(2011)穗中法民一终字第3675号民事判决书;"王某诉张某奕名誉权纠纷案",北京市第二中级人民法院(2009)二中民终字第5603号民事判决书等。

[②] 参见韩大元:《宪法学基础理论》,中国政法大学出版社2008年版,第252页。

务。在民事法律规范没有明确的规定平等权,但也同样充斥着平等原则(《民法典》第4条)以及以显失公平为由的可撤销民事行为(《民法典》第148条)。

现有的研究成果已经可以充分地表明,数字科技对于个人人格与尊严的侵犯只是表面的,实质上其对于社会秩序的影响才是更加深远且难以矫正的,无论是算法对于雇员以及消费者的侵害,还是大数据对于其他行业的侵蚀带来的垄断担忧,都在时刻提醒着我们数字科技对于平等权的侵害。这些规则与原则在实质上,都是个人信息权背后的道德支撑。

第三,社会公共利益。个人信息集合对于社会公共利益的影响不甚明了,2021年6月30日,"滴滴出行"在纽约证券交易所上市;7月2日,国家互联网信息办公室立即叫停,并发布公告:"为防范国家数据安全风险,维护国家安全,保障公共利益,依据《中华人民共和国国家安全法》等,对'滴滴出行'实施网络安全审查。"近年来,我国先后颁布了《国家安全法》(2015年)、《网络安全法》(2017年)、《数据安全法》(2021年)等,这些信号都足以说明立法者高度重视数据应用对公共利益的影响。个人信息是大数据的源头,其重要性与敏感性相对数据而言可谓有过之而无不及。

3. 法律强制力保护个人信息的重要性

个人信息权的背后有多种道德权利的支持,因此余下的篇幅只需要论证法律强制力为什么重要,即可完成领域模式的证成。而法律强制力对于个人信息权的意义体现在以下几个方面:

(1)面对隐私保护的价值判断

隐私是人类的基本利益,它与人的尊严密切相关,也是个人自由意志的前提。没有隐私人类就无法培养个人道德与自主意识,就不能意识到个人行为与行为后果之间的关系,自然也不存在自担风险的责任意识。隐私本就是一个模糊的概念,但毫无疑问的是,个人并不希望被"陌生人"过于了解,一旦某些行为突破了隐私的界限,就会对个人产生影响。

但数字经济是基于对大数据的运算,对用户进行有目的性的筛选。个性化推送当然需要对用户的喜好进行推测与迎合,当这种预测过于准确的时候,无论信息处理的过程是否真的违反知情同意原则,用户都会觉得自身的隐私已遭到威胁。这种不安全感会让个人对数字技术产生畏惧与怀疑,隐私保护的诉求就日益增强。因此,隐私保护与数字经济的发展之间本就存在无法避免的矛盾冲突。

当今,甚至有一部分学者提出了数据自由主义,即隐私是可以牺牲的代价,科技可能是毁灭人类自主的原罪,但也是不可抗拒的影响社会之因素。[1] 他们认为保护个人隐私的任何道德责任不包括约束大数据的义务,因为大数据在商业、人类健康与安全等方面的有益用途已经超过了隐私危害。易言之,人的尊严与隐私等权利应当为科技发展让位。如果不能重视人类基本权利的问题,那么资本将通过高新技术侵蚀个人尊严的内核,例如,个人是否能实现"独处",人类是否不再存有隐私,[2]等等。

因此,在面对隐私保护时,道德的观点存在分歧,亟须法律的价值判断。

(2) 个人信息处理引发诸多社会问题

第一,互联网寡头公司的垄断加剧了不平等现象。首先,互联网寡头不仅控制着海量的数据,并在处理法律纠纷时也占据着绝对的优势。在以往的法律场景中,互联网公司已经对所有的法律规定十分熟悉,个人试图以诉讼的方式维权可能十分困难。例如,腾讯公司被网友戏称为"南山必胜客",是因为该公司法务部在深圳市南山区法院的诉讼经常胜诉。尤其是与知识产权相关的案件,该公司的胜率惊人。[3] 可见,互联网寡头拥有优秀的法律团队,在法律场景中游刃有余,远非平常人能够企及,普通大众通过个人维权较为困难。

---

[1] See Nusselder, André, *Interface Fantasy: a Lacanian Cyborg Ontology*, MIT Press, 2009, p. 22-23.

[2] See Solove D. J., *I've Got Nothing to Hide and Other Misunderstandings of Privacy*, San Diego Law Review, Vol. 44, p. 745(2007).

[3] 参见艾依:《腾讯被牵扯到的12起专利知识产权案,7年来无一败诉》,载《互联网周刊》2018年第18期。

其次,数字时代的信息处理者在收集信息时,往往会超出以提供服务为目的必要范围。它们除了收集与用户服务有关的信息,也会收集与自身服务无关的信息,甚至保护用户的敏感信息。申言之,网络服务者不仅会收集现阶段需要的数据,还会收集未来可能需要的数据。借助巨量的数据与日趋成熟的算法,信息处理者将数据资源变成竞争优势。而信息主体慢慢沦为劣势,他们对信息的控制也日益衰减,并加剧对网络服务者的依赖。[①]

最后,信息控制的严重不均也将加剧教育、就业、社会保障等多方面的不平等。当前大数据分析涉及个人行为生成的未知性和非共识性数据使用,企业及研究者可以部署复杂的人工智能算法,揭示原本无法确定的身份、行为、趋势以及实践性知识体系进而损害个人的机会,这些机会流失的后果大多为个人所无法预见,自由平等的价值理念遭受到巨大挑战。事实上,这些威胁通常难以救济且不可逆转。

第二,数据算法操控个人意志。算法歧视既可能是人为的,例如,为了追求利益最大化的大数据杀熟行为;也可能是非人为的,如数据库的不完整导致的算法结果偏差。当下社会,算法操控已经不再是什么秘密,算法的影响力也在日益扩大。算法决策正全方位地渗透到政治、经济、文化中,改变了社会治理方式与个人之间的交往方式。[②]申言之,通过人工智能而影响个人的自由意志绝非难事。例如,算法操控外卖骑手的配送时间,骑手遵从算法不得不违反交通法规;算法操控搜索引擎的信息索检,植入广告,等等。更严重的,在 Facebook 数据泄露事件中,算法通过对约 5000 万人次的匿名数据分析处理后,筛选出一些目标用户,对他们进行新闻推送、政治精准宣传。该事件充分证明,只要收集到足够的个人数据,人工智能可以影响人类的自由决策。

[①] 参见解正山:《数据驱动时代的数据隐私保护——从个人控制到数据控制者信义义务》,载《法商研究》2020 年第 2 期。

[②] 参见崔靖梓:《算法歧视挑战下平等权保护的危机与应对》,载《法律科学(西北政法大学学报)》2019 年第 3 期。

从法律的层面而言，算法操控严重挑战了人类的自主决策习惯。法律的一般原则都是基于一切人类的重要事务都是由人类自主决定的；但当算法代替人类做出决定时，往往会出现歧视等不公平现象。算法歧视挑战了社会的公平正义，当然也是道德领域所面临的挑战。

(3) 个人信息保护事关国家安全

在全球数字化的背景下，跨地域的数据存储、转移越发频繁。跨境的数据转移有利于技术创新与经济发展，但可能是为了规避本国的信息保护法、侵害他人的人权甚至可能被第三方用于跨国情报收集。[1] 20世纪70年代，美国阿帕网转为民用发展成为互联网。凭借着信息技术的领先，美国的通信设备与信息处理服务创造了巨额收入。这些外围通信设备能够使数据实现跨境移动，但其中央处理器与存储端还在美国。为了限制个人信息(数据)的跨境转移，欧盟在立法上做出了许多努力，例如1981年的《关于个人数据自动处理过程中的个人保护公约》、1995年的《关于个人数据处理中的个人保护与这些数据自由流动的指令》以及2016年的《一般数据保护条例》等。在《欧盟基本权利宪章》第8条专门规定了个人数据权，使其独立于隐私权而存在，所以个人信息权利在欧盟法中也是宪法所保护的基本权利。

如此一来，只要个人信息的保护程度不足基本权利的要求，监管部门就有足够的理由介入执法。而欧盟这些立法的目的只有一个，为行政执法提供正当性，打压美国企业，引导数据产业转向本土发展。[2] "这些非关税贸易壁垒可能会增加经商成本，令人望而却步，抑制技术发展，甚至完全排除外国竞争。尽管欧洲数据保护法是出于对隐私保护合法而通过的，但必须认识到，许多隐私立法背后也存在重大的民族主义动机。"[3]必须承认的是，欧

---

[1] 参见张金平：《跨境数据转移的国际规制及中国法律的应对——兼评我国〈网络安全法〉上的跨境数据转移限制规则》，载《政治与法律》2016年第12期。

[2] 参见张金平：《欧盟个人数据权的演进及其启示》，载《法商研究》2019年第5期。

[3] Grossman G. S., *Transborder Data Flow: Separating the Privacy Interests of Individuals and Corporations*, Northwestern Tournal of Internation Law & Business, Vol. 1, p.5(1982).

盟的这种担忧不无道理,自"棱镜门"与"Facebook 操控选举事件"之后,个人信息泄露对国家安全的威胁已暴露无遗。

由此可见,在面对如此诸多社会问题时,通过道德权利或者权利观念等社会力量是无法解决的。即使我们能够预感到数字技术的各种威胁,但我们又无法准确地证明,因为信息被信息处理者匿名化了,我们无法得知信息被谁收集又流向哪里,也就无法预测数字科技有多大危害,只能从已发生的灾难中吸取教训。若没有被发掘,我们也不知道数字技术甚至可以影响人类决策,更不能形成较为一致的权利观念。那么通过一种法律权利来在实践中防止某种重要的利益遭受损害是非常有实际意义的,换言之,在道德权利发生冲突或者遭受蛊惑时,必须通过足够的强制力予以矫正,才可能起到一定的实际效果,借助法律权利的强制力乾纲独断就是领域命题存在的意义。

(二)新型权利的证成对个人信息权的意义

由于新型权利不存在统一的标准,本书对新型权利含义的界定,主要是为了打通新型权利与个人信息权之间的概念壁垒,从而让一般性的法理讨论对于个人信息权具有意义。

第一,证成个人信息权属于新的核心权利有助于个人信息权独立存在于基本法之中。虽然目前《民法典》已经规定了个人信息保护,但还属于权益的状态。众所周知,权益的保护相对于权利而言是具有相对性的,这种相对性正是因为权利的内在理由不够充分,以至于它在与其他权利的抗衡过程中处于下风。新型权利往往是十分重要的权利,自然不应当是权益、子权利或者被其他权利所代替。虽然不论个人信息保护属于权利还是权益其都是民事权利的范围。但不能因为某项权利诉求得到了民法典的回应,就当然地以为它就是新型权利。从概念上而言,学者们对于新型权利有着更高的要求。法律的规定只是新型权利存在的外在理由,我们必须要关注的是权利存在的内在理由。

第二,防止个人信息权被其他权利所取代或吞并。正因为权利与语言都具有模糊性,因此个人信息权会与其他传统的人格权具有许多的相同或者相似的地方,所以总有一些观点主张将其纳入其他权利之中,形成另一种权利,如大隐私权。换句话说,对新型权利的讨论主要就是为了证成个人信息权可以独立于其他的法律权利之外。由于个人信息权属于信息时代的产物,甚至它最终可能看起来与传统的人格权格格不入。然而这也正是新型权利的意义,它不必与其他的权利相类似,它可以是一种前所未有的创设,如股权、知识产权等。

　　第三,为个人信息权提供权利的内在理由。不可否认的是,数字科技的发展而带来的权利诉求,只是个人信息权产生的外在理由。外在理由可能会消失,因此个人信息权需要内在理由的支撑。个人信息权的内在理由在于其权利内核不容易改变之处,即未来社会可能不再需要大数据技术,或者说出现了另一种技术可代替数字技术。但无论数字技术是否存在或者发生改变,个人信息权的存在都是一定的。因为个人信息权保护的并不仅是个人的信息,它还保护了抽象的、一般的人格利益。

　　人类社会发展至今,私人的人格利益对于社会管理与经济发展的作用日益明显。因为绝大多数行业的本质都是服务于人,它无法脱离人而存在。而基于个人信息的数据分析可以帮助经营者更加快速、深入地了解服务对象,更能了解服务对象的经营者才会具有更强的同业竞争力。换言之,商业对于人性深度挖掘的目的是服务,且人性与人格利益是紧密相关的。例如,消费者在网络上购买了一个拐杖,原本不会被其他人知晓,但通过信息处理则可以让许多经营者都知道该事实,并对其进行广告推送,虽然服务者的初衷是提高服务质量,但无疑伤害了消费者的人格尊严。而在未来,类似的信息"挖掘"绝不会停止,也就是人的信息利用不会停止,这些都可以作为个人信息权存在的内在理由。

第二章 权利还是权益:基于权益区分论的回应

民法中的个人信息权益之争直接决定了个人信息权的法律适用。权利与利益都是民法保护权利的模式,但权利对应的权利保护模式,利益对应的行为规制模式。《民法典》将之称为"个人信息保护",回避了它的权利定位;《个人信息保护法》又笼统地称为"个人信息权益"。因此,在适用保护模式时,司法者往往面临艰难的选择。那么,保护个人信息应当采用权利模式还是权益模式,理论界一直争论不休。

一、权益区分论的域外发展

"权益"在法学领域中,是一个复合型概念,由"权利"(Rights)与"利益"(Interests)两个核心要素构成。它不仅指法律明文规定的各项权利,还涵盖了法律所保护的具体利益,以及这些权利和利益在法律上的保护状态。随着科技发展不断创造出新场景,权利诉求的扩张也会涌入民事权利领域。民事权利的诉求远大于其他法律部门,知识产权、商业秘密、虚拟产权的出现,都表明了新型民事权利的效率主义。正如上文所言,法律权利十分重要,且法律不能无差别地对待任何权利诉求(包括法律权利本身),基本权利或者核心权利应当受到更多保护,其他权利次之。在此思想之下,侵权法就产生了权益区分论,其目的也是平衡"法益保护"(Gueterschutz)与"行为自由"(Handlungsfreiheit)之间的关系。①

在资源稀缺的背景下,建立在自由竞争基础之上的经济制度,会使人们以减少或者代替他人营利渠道为目的,不断地对他人利益造成损害。法律不但没有完全禁止这种互相比拼的行为,还会对这种同类竞争加以适当的鼓励。只有如此,才能激发社会的进步动力,实现自然资源的合理配置。换言之,侵权法对于此种"损害"采取了包容审慎之态度,并不一定克以侵权责任。而且为了基本权利得到更加充分的保护、防止自由竞争被过度限制,则固然不能以同等力度对待民事法益,即出现了民事权益区分保护的思想。

实践权益区分论的代表国家是德国与法国。德国侵权法将权益区分为"法益"(Rechtsgut)与"纯粹财产"(eriens Vermögens),《德国民法典》第823条第1款确立了法益的保护,仅限于"生命、身体、健康、自由与所有权"以及"其他权利"。如他人具有过错地侵害了这些法益,就需要因此而承担赔偿责任,法益这个概念大体上与我国侵权法中常说的权利相同。纯粹财产顾名思义,更多地表现为纯粹的财产利益。因此在德国侵权法中,"所谓权益区分,其实就是法益和纯粹财产的区分"。②

《德国民法典》第823条第2款与第826条共同搭建了利益保护模式的范围。根据第823条第2款的规定,侵权人需违反相关"保护性规范",且对相关规范内的权利主体造成侵害时,权利人即可得到保护。根据第826条的规定,侵权人故意违反善良风俗并因此造成损害时,受害人才能得到保护。这三个条款被学界称为是三个"小一般条款",较为具体地体现了权益区分论,由于利益并不如权利如此重要,因此利益的保护范围更广且构成要件也更加苛刻。

对于侵害民事权利的过错责任,德国民法将会予以全面保护;而对于侵害民事利益的过错责任,仅在违反《德国民法典》第823条或第826条时,才予以保护。值得注意的是,这里所谓的纯粹财产利益并不包括财产权,而是

---

① See Vgl. Karl Larenz & Claus-Wilhelm Canaris, Lehrbuchdes Schuldrechts, Band Ⅱ:Teil 2,13. Aufl., Beck 1994, S. 350.

② 参见于飞:《侵权法中权利与利益的区分方法》,载《法学研究》2011年第4期。

纯粹的经济损失,是指由非绝对权受到侵害而损失的财产利益。权利与利益的区分就意味着,如果法律能为它们各自提供一个相对固定和明确的保护范围,如果权利能排除他人的干涉,则他人就会对权利予以尊重。① 德国侵权法的权益区分保护思想对世界许多国家与地区产生了不同程度的影响。

法国民法典采用了"大一般条款"的模式,是适用广泛的一般性过错原则。有学者曾提出,法国民法典并未强调权利与利益的区分。② 但实际上,法国司法界并未严格地遵照民法典的规定执行,他们普遍地认为纯粹经济利益损失不能与人身损害同等对待,需要区分保护。因此,在法律适用时,法官通过个案裁量权,考虑个案中的损害程度、过错以及因果关系甚至政策需要,在个案中弹性地决定不同种的法益之保护限度,③从而达到实质上权益区分保护的效果。

日本民法也明确认可权益保护区分论。自2004年现代语化之后,《日本民法典》第709条明确规定"因故意或者过失侵害他人的权利或者法律上受保护的利益者,承担赔偿由此而生的损害的责任"。"权利与法律上受保护的利益"与我国民法典侵权责任编中的权益较为相似。但"法律上受保护的利益"是否能被视为立法对权益区分论认可的直接体现也未盖棺定论。因为在2004年改革之前,《日本民法典》仅规定了"侵害他人权利"而没有"法律上受保护的利益",因其保护范围过窄而受到诸多诟病。自1925年"大学汤事件"判决后,通过判例与学说确立了违法性理论代替权利侵害论,违法性理论的通说地位持续了长达半个多世纪。④ 直到2004年改革后,权利侵害论以忠于法律文义解释等理由,显现出复苏迹象。总之,无论在日本民法典改革先后,客观上对于权益区分保护的情形一直存在。

---

① See Vgl. Karl Larenz & Claus-Wilhelm Canaris, Lehrbuchdes Schuldrechts, Band Ⅱ: Teil 2,13. Aufl., Beck 1994, S. 373.
② 参见朱虎:《侵权法中的法益区分保护:思想与技术》,载《比较法研究》2015年第5期。
③ 参见陈忠五:《契约责任与侵权责任的保护对象》,北京大学出版社2013年版,第81页。
④ 参见龙俊:《权益侵害之要件化》,载《法学研究》2010年第4期。

二、《个人信息保护法》中的"个人信息权益"

《个人信息保护法》出台后,其总则中使用了"个人信息权益"代替《民法典》中的"个人信息保护",表达了个人信息受保护的状态。关于个人信息权益的理解,分成了"权利说"与"利益说"两种观点。

1. 权利说

权利说认为,在个人信息之上存在一个抽象的个人信息权,对于个人信息保护应当采取权利模式。支持权利说的学者提出了多种权利构想,例如,一般人格权说、隐私信息权说[1]、新型权利说[2],等等,较为主流的观点是具体人格权说。具体人格权说的核心观点是主张《民法典》中的相关规定是个人权利,而不是法律权益,属于具体人格权。为此,有学者从法益之独立性的角度进行论证,提出了个人身份信息作为法律客体具有独立性,并且在实践中也具有必要性[3]。有学者认为个人信息权具有独特的内涵、权利属性、内容、实现方式无法被其他权利取代[4]。另有学者从必要性、信息自由等多个方面论证了个人信息的人格要素清楚,包含多种权能,内涵与外延明确,确权后有利于损害救济,能够为其他法律(如个人信息保护法)提供依据等[5]。该问题在立法会议讨论时,也有更倾向于民事权利说的观点,例如,立法官员认为个人信息权利对保护个人的人格尊重有实际作用[6]。

2. 利益说

利益说反对以"个人信息权"称之,理由大致可归为以下两种:

---

[1] 参见房绍坤、曹相见:《论个人信息人格利益的隐私本质》,载《法制与社会发展》2019年第4期。
[2] 参见龙卫球:《数据新型财产权构建及其体系研究》,载《政法论坛》2017年第4期。
[3] 参见郑维炜:《个人信息权的权利属性、法理基础与保护路径》,载《法制与社会发展》2020年第6期。
[4] 参见杨立新:《个人信息:法益抑或民事权利——对〈民法总则〉第111条规定的"个人信息"之解读》,载《法学论坛》2018年第1期。
[5] 参见叶名怡:《论个人信息权的基本范畴》,载《清华法学》2018年第2期。
[6] 参见张荣顺:《中华人民共和国民法总则解读》,中国法制出版社2017年版,第363页。

第一,否定个人对其信息享有绝对的支配权。通说认为,用"个人信息权益"而非"个人信息权"是为了否定个人对其信息所享有的支配性。[1] 传统的权利理论要求权利具有绝对性与排他性,在信息处理活动中,个人对其信息并不享有排他权与支配权。[2] 且个人信息的内涵与其他权利的边界并不明显,并且"权力模式"不利于缓和多元利益的关系。[3] 由于个人信息在现代社会具有重要价值,考虑个人与信息处理者之间的关系缓和,只能对个人信息予以较低程度保护。

第二,认为个人信息中所涵盖的利益众多,是多种利益的集合,除了绝对权(人格权)还有其他利益,于是统称为权益。但"个人信息权益"究竟包含了哪些权益,还有不同的观点,根据个人信息权益中是否包含了财产利益,可分为以下两种:一是肯定说。此说认为"个人信息权益是一种综合性权益,同时包含了精神利益与财产利益"。[4] 个人信息权益属于人格权益,即并非隐私权、肖像权等具体人格权,它的功能是保护信息主体的人身权益、财产权益在个人信息被处理时免受不法侵害或侵权的风险,包括了自主利益与经济利益。[5] 二是否定说。此说认为个人信息权分为三种利益,隐私利益、呈现利益与自主利益。隐私利益是个人不愿被他人所知晓的信息;呈现利益是个人主动呈现于他人的信息;自主利益是对信息处理时的干预。前两种利益很好把握,而第三种利益不好把握。[6] 此外还有,个人信息权不具有清晰的外延,不宜被规定为一种权利等观点。

3. 我国民法对权益保护的两种模式

(1)权利保护模式。毋庸置疑,民法以保护权利为其核心本位。换言之,权利保护模式是民法维护主体合法利益的主要路径。理论上,权利所欲

---

[1] 参见张新宝:《论个人信息权益的构造》,载《中外法学》2021年第5期。
[2] 参见程啸:《民法典编纂视野下的个人信息保护》,载《中国法学》2019年第4期。
[3] 参见郑晓剑:《个人信息的民法定位及保护模式》,载《法学》2021年第3期。
[4] 王利明:《和而不同:隐私权与个人信息的规则界分和适用》,载《法学评论》2021年第2期。
[5] 参见程啸:《论个人信息权益》,载《华东政法大学学报》2023年第1期。
[6] 参见王苑:《私法视域下的个人信息权益论》,载《法治研究》2022年第5期。

保护的利益应当具备明确的外在表现形式和具体的内在内容,且不应被其他法律体系所涵盖或重合。由此,该类利益便构成了民事权利的客体,并具有独立的法律属性和价值。在此基础上,民法对这些权利客体提供绝对的、排他性的法律保护。即任何对该类权利的侵害行为均将被法律所禁止,并伴随相应的法律制裁,从而确保权利主体得以充分、有效地享有其依法应有的权利。

这种权利保护模式体现了民法保护体系的高度稳定性与严密性,其主要特征在于权利主体可对抗任何不法侵害行为,并要求法律对其权利进行充分救济。具体而言,权利一经确定,便成为权利主体排除他人干扰、自由支配和享有的法律客体,并由民法赋予其排他性的法律效力。正是这种"绝对性"与"排他性",使民法能够在复杂的社会关系中为权利的实现提供最有力的保障。这种模式不仅有助于明确权利的边界和内容,还能够有效防止权利与利益之间的混淆,从而确保法律适用的确定性与权利体系的稳定性。

(2)行为规制模式。由于某些利益虽具有足够的正当性,但利益的边界与内容不清晰,难以通过权利客体加以概括,故而难以通过权利模式对客体进行全面的保护。那么,民法就从具体的行为规制角度出发,为该利益提供必要但有限之保护,又被称为行为规制模式。① 具体而言,行为规制模式是通过约束第三人的行为来间接保护主体的合法利益。其核心在于通过对他人行为施加一定的法律限制,确保权利主体的利益不受侵犯,但这一模式的重点并不在于对所保护的利益进行全方位的防护,而是通过规范他人行为来实现特定范围内的保护目标。由于行为规制模式所涉利益的界定往往较为模糊,其法律保护的边界也较难明确,容易导致与其他权利或利益之间发生冲突或重叠。

行为规制模式所体现的正是"利益说"的观点,即其主要立足点在于保护民事主体的具体利益,而非以权利为中心。因此,行为规制模式与权利保

---

① 参见程啸:《民法典编纂视野下的个人信息保护》,载《中国法学》2019年第4期。

护模式在实质上反映了"权利说"与"利益说"两种理论之间的分歧。权利说强调的是权利作为独立的法律客体,享有全面的保护与排他性,而利益说则更关注法律如何通过具体的行为规制,来实现对主体所享有利益的维护。

这种模式的分歧不仅是学理上的争论,更在实践中引发了不同的法律适用问题。行为规制模式在保护利益时,往往难以像权利保护模式那样具有明确的界限,这使其在适用过程中更容易产生不确定性与争议。由此可见,权利说与利益说的争论实际上代表了两种不同的法律保护路径,即权利保护模式以明确的权利为核心,行为规制模式则侧重于通过规制他人行为达到利益保护的目的。

三、对个人信息权益论的质疑

近年来,个人信息权益的性质逐渐引起了法学界的广泛讨论。然而,关于个人信息权益属性的界定仍然存在诸多争议。在全球化和信息化背景下,如何界定和保护个人信息的权益属性,仍需进一步的法理探讨。

(一)权益区分论是否适用于人格权益

权益区分论面对传统权利都已显得捉襟见肘,如今又以它来应对层出不穷的新型权利只会力不从心。对权利与权益的区分每个国家的做法都不相同,权益区分论是权益说的学者所提倡方法,正是基于此从而反对权利说。① 由于个人信息权缺乏清晰的权利外观,所以归属效能理论也就成为反驳个人信息属于权利的重要理由之一。因此它也被视为绝对权的最基本特征,而个人信息权不具有绝对性也是支持权益说观点的重要原因。

由此可见,支持人格权益说的观点(个人信息权不具有支配性、个人信息权的外观不清晰等)大多数都源于权益区分思想。但实际上,由于法国"大一般条款"模式的缺点十分明显,它与其说是加强了利益保护,倒不如说

---

① 参见郑晓剑:《个人信息的民法定位及保护模式》,载《法学》2021年第3期。

是为了立法语言的准确而不得不采取的模糊化处理,实质上是在回避这个理论难题。"大一般条款"如要在实践中实现权益区分,法官就需要完全借助法理、学说或者自由裁量,根据个案情形分别裁判。申言之,权益区分的准确性将会依赖于法官的学术理论素养。客观而言,如此要求法律实践工作者有苛刻之嫌,最终会造成对自由裁量的放任。"德国民法典立法者就是基于对法国民法典侵权立法模式——即一个大的概括条款并放任法官自由裁量——的不满,意图尽量对法官施加事先约束。"[1]

因此,在学界一直存有另一种声音,即民法应当采用德国的"小一般条款"立法模式。无论是在起草原《侵权责任法》时,还是编纂《民法典》侵权责任编时,均有学者建议借鉴德国民法典的"小一般条款"模式,但立法者都未采纳。[2] 近年来,也有学者建议通过解释论等方法,将《民法典》第1165条第1款改造成《德国民法典》的三个"小一般条款"立法模式。[3] 相较于"大一般条款","小一般条款"模式更加清晰地区分了权利与利益,但它仍然无法解决权益区分要件过于模糊这个问题。

德国学者拉伦茨和卡纳里斯认为,区分权利与利益的有三个关键特征,分别是归属效能(Zuwiesungs-gehalt)、排除效能(Aussehlussfunktion)与社会典型公开性。[4] 所谓归属效能原本是指权益皆由权利人所统属,违反了这种归属所取得利益应被视为不当得利。后被引申为权利的内容归属于特定的权利主体。换言之,归属效能即内容的确定性,即一项权利必须有特定的、清晰的权利外观。所谓排除效能简言之是指,排除他人任何的不法干涉,是绝对权的一项基本属性。德国学者大多认为权利(包括人格权)在法律性质上应当与物权接近,[5]因此排除效能即权利的根本特征。而社会典型公开性

---

[1] 于飞:《侵权法中权利与利益的区分方法》,载《法学研究》2011年第4期。
[2] 参见程啸:《侵权法的希尔伯特问题》,载《比较法研究》2022年第6期。
[3] 参见方新军:《侵权责任利益保护的解释论》,法律出版社2021年版,第137~154页。
[4] Vgl. Karl Larenz/Claus-Wilhelm Canaris, Lehrbuchdes Schuldrechts, Band Ⅱ: Teil 2, 13. Aufl., Beck 1994, S. 350.
[5] 参见于飞:《侵权法中权利与利益的区分方法》,载《法学研究》2011年第4期。

（sozialtypische offenkundigkeit）是权利与权益适合纳入侵权法保护的原因，即相关利益的客体需要有可感知性，能对潜在的侵权发挥警示功能，借以提示他人对权利人行为自由之尊重，使侵权法的保护成为可能。归属效能排除了外观不清晰、主体不确定的利益，排除效能排除了相对权。这些被排除的利益又被称为纯粹经济损失（pure economic loss），[1]也就是我们所说的利益。

当然，仅仅依靠这三个标准无法面对日益增多的权益区分诉求，德国法创造了多种机制补充权益区分的实践工作。第一，扩大《德国民法典》第823条第1款中"其他权利"的范围。德国法通说认为，一般人格权、营业权、有权占有等同属于第823条第1款中"其他权利"的范围。第二，通过立法创设新的权利或义务，作为第823条第2款的具体化。第三，对第826条"故意违反善良风俗侵权"进行扩大适用。[2] 德国立法者将符合归属效能、排除效能与社会典型公开性特征的绝对权放在第823条第1款中，而对于内容模糊的利益，则放在第823条第2款和第826条给予不确定的保护。德国立法者的目的十分明显，即第823条第1款中的权利具有清晰外观的绝对权，侵害要件了然可见，法官可以较为容易地作出事实判断。而其他外观不清晰的利益，放置于第823条第2款和第826条中，需要法官在个案中具体衡量侵权事实是否成立。

面对越来越多的利益诉求，假如它们不具有权利的三个关键特征，是否就意味着这些利益仅是纯粹财产呢？更为关键的问题是，若第823条第1款所定义的"权利"概念变得模糊不清，以至于难以与利益相区分，那么权益区分论是否还有存在的意义呢？具体而言，第823条第1款中的"生命、身体、健康、自由与所有权"十分清楚，但"其他权利"就有许多模棱两可之处。例如，一般人格权与营业权同属于"其他权利"的范围，这一做法被德国学者广为诟病，营业权明显缺乏绝对权的一切特征，也不符合权益区分论的三个标准，实际上更接近于纯粹的财产保护；而一般人格权也缺乏清晰的轮廓，无

---

[1] 参见葛云松：《纯粹经济损失的赔偿与一般侵权行为条款》，载《中外法学》2009年第5期。
[2] 参见朱虎：《侵权法中的法益区分保护：思想与技术》，载《比较法研究》2015年第5期。

法确定在权利的范围内承载了什么样的内容。① 这也是我国立法者多次放弃采纳德国"小一般条款"模式的根本原因。

由此可见,德国的权益区分论根本就不适用于人格权益之间的界分,而是适用于纯粹经济利益与绝对权之间的区分。所以,以德国权益区分论为逻辑基础来区分我国法中的权利与权益,可能一开始就出现了偏差。一般来说,个人信息遭受侵害应当被认为个人的人格利益遭到损害,而不是财产利益遭到损害,因此个人信息权益就不是德国理论中标准的纯粹财产概念,它实际上是属于我国法理论中的一次创新。

(二)权益说是否为法教义学的最优选择

支持权益说所考虑的法教义准据大多是《民法典》,即《民法典》中的"个人信息保护"属于一种民事权益。立足于《民法典》教义学的视角,笔者也曾撰文支持个人信息权益说,但也在该文中明确地指出权益说存在缺陷。因权益说仅是目前部门法中的最优解释,而权利说更适合于未来的发展趋势。② 保护个人信息并不仅仅是民法的任务,正如学者所指出的那样,只有"权利法"与"管理法"并重,才能从根本上保障信息主体的合法权益。③

我国《民法典》贯彻了权益区分论,《民法典》第120条与第1164条,是从原则上确定了对民事权益的保护;而第1165条与第1166条又分别规定了保护民事权益的过错责任与无过错责任,这些均体现了权益区分的保护思想。笔者也赞同《民法典》对权益区分保护的做法,但在具体的司法实践中,权益区分的标准往往存在较大不确定性,其区分要件模糊难辨,这无疑为权益区分的保护模式提出了挑战。无论是采取"大一般条款"模式还是"小一般条款"模式,都难以有效解决权益区分中的具体操作问题。

---

① 参见[德]福克斯:《侵权行为法》,齐晓琨译,法律出版社2006年版,第52页。
② 参见林传琳、宋宗宇:《个人信息保护的民法定位与路径选择》,载《甘肃社会科学》2021年第4期。
③ 参见王成:《个人信息民法保护的模式选择》,载《中国社会科学》2021年第4期。

即便权益说在民法教义学体系内能够保持一定的理论自洽性,但其向其他法律部门的延伸必然面临诸多困境。例如,《个人信息保护法》第四章标题为"个人在个人信息处理活动中的权利",但该法已明确使用了"个人信息权益"这一术语,何以在随后条文中又提出"个人权利"这一概念？该章中所涉及的"权利"与"个人信息权益"之间的逻辑关系究竟如何？"权利"或者"权能"是否可以作为"权益"的下位概念？这一系列问题在现行理论框架下均未得到有效回应。此外,在个人信息保护的相关研究中,"被遗忘权""数据可携权"等权利通常被视作具体权利类型来加以讨论,但这些具体权利与"个人信息权益"又该如何定位？由此可见,尽管"权益区分论"在民法体系内部能够形成一定的理论共识,但在跨部门法领域中却存在适用困境。

因此,在数字经济与信息社会快速发展的背景下,民法对新型权益的区分保护亟须进一步明确其理论基础和适用标准,应探索更加灵活且富有包容性的法律框架,而非机械地套用权益区分论这一传统模式。

(三)人格权之客体是否要有清晰的外延

基于权利的归属效能理论,持个人信息"权益说"观点的学者认为,个人信息权的权利客体存在不确定性,边界界定亦较为模糊,因而缺乏传统民事权利所应具备的明确指向性和可操作性。具体而言,权益说主张者认为,权利的本质在于其具备清晰的权利客体和明确的法律关系,并且能够通过法律规则有效界定权利的行使范围和归属主体。然而,个人信息因其动态性、碎片化及情境依赖性等特点,难以如传统权利那样明确区分权利主体与权利客体之间的法律关系。信息在不同情境下的属性及其法律地位常常发生变动,导致其权利客体在法律上难以被精准界定,进而造成个人信息权在边界认定上的模糊性。

然而,笔者并不赞同上述观点。首先,在讨论权利客体时,理论上存在多种概念上的混淆,如"民事权利的客体""民事法律关系的客体""民事权利的对象"等,这些混淆正是导致人格权边界模糊的原因之一。① 换言之,如果认为个人信息权的权利化难题源于权利客体界定得不明确,则这一问题并非个人信息权所独有,而是整个民事权利客体理论中普遍存在的概念混淆导致的。因此,将权利客体论中的歧义视为否定个人信息权权利化的依据,显然缺乏充分的理论说服力。有关民事权利客体论的争议将在下文中进一步阐述,此处不再赘述。

其次,我国通说认为人格权的客体是"人身利益"②,而"人身利益"本身就并非一种外延明确、界限清晰的法律利益。例如,《民法典》第1004条对健康权的规定为:"自然人的身心健康受法律保护。"根据这一规定,自然人的隐私权若遭受侵害,其损害结果往往表现为对其身心健康的侵犯。因此,隐私权与健康权在某些情境下存在交叉和重合,体现了人身利益的界定具有一定的模糊性与弹性。由此可见,在人格权领域,本身就很难找到清晰明确的权利客体范围。因此,仅因权利客体边界模糊而否定个人信息权的权利属性,缺乏足够的理论依据与逻辑支撑。

最后,无论是隐私权还是个人信息权都是受到数字技术冲击较大的权利③,随着信息技术的不断演进,信息的处理、传播与利用行为越发复杂化,导致个人信息权的保护边界变得更加动态且难以确定。与此同时,信息处理行为在某些情境下具有更强的合法性与合理性,如舆论监督、公共卫生管理等公共利益场景中,个人信息的处理在一定程度上具有合法性。因此,对个人信息权的保护必然涉及具体情境下的利益权衡与自由裁量,无法采取传统人格权那种"绝对排他性"的保护方式,而是一种需要在多方利益之间进行平衡与协调的利益保护形式。这就决定了个人信息权在法律保护上具

---

① 参见刘德良:《民法学上权利客体与权利对象的区分及其意义》,载《暨南学报(哲学社会科学版)》2014年第9期。

② 参见王利明:《中国民法典学者建议稿及立法理由·总则编》,法律出版社2005年版,第257页。

③ 参见石佳友:《人格权立法的进步与局限——评〈民法典人格权编草案(三审稿)〉》,载《清华法学》2019年第5期。

有相较于传统民事权利更为柔性的特征,其权利边界需根据具体情况进行动态调整,而非一成不变。然而,这种灵活性与动态性并不意味着否定个人信息权的权利属性,相反,这种灵活性与动态性是时代特色下的人格权保护之常态与趋势。因此,如何在多重利益之间实现平衡,并探索出符合个人信息权特质的法律保护路径,才是数字时代民法学研究亟须解决的核心问题。

(四)权益区分是否能够做到差异保护

为什么要将利益与权利区别保护?王泽鉴教授认为,一般财产损害(利益)范围广泛,不容易预料,为了避免权利泛滥,所以要加以限制。[①] 企业界一直存有这种担忧,如果称之为权利则必然造成个人权利的滥用。如果采用一种较低层次的保护,则社会关系就会舒缓很多。但这种权益差异化的保护现象在我国司法实践中是普遍存在的吗?笔者对此仍有两点疑问:

第一,即便能够在理论上构建出一种区分权利与利益的二元保护体系,若无法对权利与利益进行准确划分,这种体系在实质上将失去其应有的规范意义与实践价值。然而,在实际操作中,区分权利与利益往往是一项极为复杂且充满挑战的任务。当前学界关于权利与利益的界定存在较大争议。例如,我国立法官员也曾表示,一直努力学习如何将权利和利益划分清楚,但是还没有看到一本教科书清楚划分什么是权利、什么是利益。因此,没有在侵权法中明确表述为"权利"与"利益",而是称为"权益"。[②]

正如前文所述,"权利"究竟为何物?其理论基础和实践依据从何而来?这不仅是民法学研究的核心难题之一,也是整个法学体系中的基础性问题。权利的本质属性及其范围界定,在法理学上长期处于多种理论观点并存的状态。换言之,我国侵权法采取的这种立法模式就是因为权利与权益难以区分,区分尚且困难又何谈差异化保护。

[①] 参见王泽鉴:《侵权行为法》,中国政法大学出版社2001年版,第89页。
[②] 参见王胜明:《侵权责任法的立法思考(一)》。转引自葛云松:《〈侵权责任法〉保护的民事权益》,载《中国法学》2010年第3期。

在个人信息保护领域,这种区分问题尤为突出。个人信息权益的内容、客体及法律地位在现有法律体系中尚不明确,学界对此的讨论多集中于"权利"与"权益"的不同保护路径及其适用方式。然而,由于个人信息的保护对象与范围随技术发展不断变化,其权利属性与利益属性的界限越发模糊,使通过严格区分来进行法律保护显得力不从心。因此,仅从表象上区分权利与利益,并试图建立一种二分式的法律保护体系,无法从根本上解决权利与利益交织所引发的法律适用问题。由此可见,权利与利益的区分并非仅仅是名词上的辨析,而是关涉到民法制度设计与理论建构的重大问题,亟须从更深层次的法理学视角对其进行系统研究与反思。

第二,对权益的保护在我国法律实践中并不必然意味着适用条件更为严格。在理论上,权利与利益的保护因其法律地位与规范结构的差异,往往被视为两种不同的保护模式。以德国法和法国法为例,两者在权利与利益保护上的立法模式存在显著差异:德国法倾向于严格区分权利与利益,通过确立明确的权利体系对权利进行全面的法律保障,而对纯粹利益则仅在特定情形下予以有限保护;而法国法则相对宽泛地对多种类型的利益进行保护。但无论采取何种模式,这两大法系在侵权法要件的认定上均遵循较为严格的标准,导致在司法实践中对权利和利益的保护力度有所差异。因此,传统观点普遍认为,法律对利益的保护程度弱于对权利的保护。

然而,在我国司法实践中,这一理论上的严格区分并未被完全贯彻。我国现行民法体系中,并未就权利与利益的保护作出明确的区分性规定,更多的是通过司法解释和具体裁判来确定保护的边界与适用条件。实践中,法院在处理涉及利益保护的侵权案件时,并未明显区分权利与利益的法律适用标准,而是采取了更加灵活的认定方式。因此,对于利益的保护并未表现出显著弱于权利保护的趋势。例如,在原《侵权责任法》颁布之前,隐私权被定为一种民事权益,在司法中被纳入违反公序良俗致人损害。[1] 公序良俗是

---

[1] 参见《最高人民法院关于确认民事侵权精神损害赔偿责任问题的解释》(法释[2001]7号)。

民法原则,它的认定要件显然比民法规则要更加宽松。究其原因,我国民法在权利与利益保护上的模糊性与灵活性,既反映了民法典自身对权利与利益保护体系尚处于发展与完善阶段的客观现实,也体现了我国司法实践中对公平与正义的追求。司法机关在具体案件裁判中,更注重通过法律适用实现对实际权益的平衡与保障,而非拘泥于传统的权利与利益之区分。

综上所述,笔者认为即便将个人信息保护界定为"权益"而非"权利",也未必能够在实践中实现预期的差异化保护效果。相反,这种区分可能会在司法适用中引发更多的问题与困惑。个人信息保护的法律价值在于保障个人的自主控制权与人格尊严,而这一点正是传统权利保护模式所强调的核心内容。若仅以"权益"视之,容易导致对个人信息在整体上保护力度的削弱,从而无法有效应对数字技术环境下个人信息被滥用和侵害的风险。因此,试图通过将个人信息保护定位为"权益"以区别于"权利"的做法,并不能从根本上解决个人信息保护在法律实践中面临的困境。

(五)《民法典》中民事权益的解释

民事立法中的过错侵权责任历来贯彻"大一般"的条款模式,自原《民法通则》第106条第2款,即确立了人身与财产过错侵权责任制度之二分。学界通说认为,原《民法通则》的这一条款是过错侵权的一般条款,法条明确使用了"侵害他人财产、人身"的表述,采用了"大一般"的模式。① 原《侵权责任法》第6条第1款虽并未继续使用"人身、财产"这一表述,而是统称为"民事权益",且民事权益这个概念也沿用至《民法典》第1165条第1款。但它们均是对原《民法通则》第106条第2款之延续,是为了体现权益区分的保护思想。②

"大一般条款"模式是将过错责任的保护对象一揽子置于某一术语之下,原《民法通则》采用的是"财产、人身"。当时,我国学者认为,该表述基本

---

① 参见张新宝:《侵权行为法的一般条款》,载《法学研究》2001年第4期。
② 参见程啸:《侵权法的希尔伯特问题》,载《比较法研究》2022年第6期。

上是成功的,"人身、财产"并不等于人身权与财产权,人身可以做更为广义的解释,包括人身权与人格利益,财产权包括所有权(等绝对权)以及财产利益,使法律保有最大的包容性,解决了司法实务部门诸多疑难案件。① 然而,该条款的局限性亦显而易见。从文字上看,"人身、财产"的字面含义较易被解读为仅限于人身权与财产权,当法律适用扩展至其他非物质性利益时,便需对该条款作出扩张解释,方能纳入其保护范围。因此,尽管该条款对传统侵权行为,如物理性侵害具有良好适用性,但在面对抽象利益、人格利益等非物质性利益损害时,便显得力有不逮。正因如此,原《侵权责任法》与《民法典》未再沿用原《民法通则》的"人身、财产"表述,而是引入了更具包容性的"民事权益"概念,以填补法律对各类民事利益保护不足的漏洞。

由此可见,"民事权益"这一概念涵盖了所有的权利与合法利益范畴,其内涵远超"人身、财产"这一传统表述的范围。换言之,《个人信息保护法》虽使用"个人信息权益"这一术语,但这并不意味着个人信息仅限于民法中"利益"的范畴,而排除其权利属性。相反,"个人信息权益"既可以包括具体的民事权利,也能够涵盖相关利益,从而实现对个人信息在不同情境下的全面保护。

---

① 参见张新宝:《侵权行为法的一般条款》,载《法学研究》2001 年第 4 期。

第三章 个人信息权的属性嬗变

现实中,个人信息的分享除了通过知情同意规则的主动分享之外,个人并不知情的被动分享也并不罕见。当下的立法理念,偏重强调个人对其信息的"控制"和"自决",显然已无法应对当前数字社会的挑战。因此,个人信息权的核心理念需要从传统的"个人本位"向"社会本位"转变。这意味着个人信息保护的制度设计,不应再仅围绕知情权、同意权等个人自主权利展开,而应逐步转向以合法性、正当性和必要性为核心的社会共治框架。此种转型不仅有助于平衡个人隐私保护与数据利用之间的利益冲突,更能在数字时代的复杂数据环境中实现信息主体与社会各方的互利共赢。通过强化信息处理过程中的合法、正当、必要原则,可以更好地保障个人信息安全,维护社会公共利益,并促进数据的合理使用与创新发展。

一、个人信息权的理念嬗变:从知情同意到正当必要

《民法典》与《个人信息保护法》为个人信息权的保护构建了系统性的法律框架,确立了多项重要规则。其中,知情同意无疑是当前立法中的核心理念。个人信息权的诸多具体规范和实施路径,皆是围绕知情同意原则展开,旨在确保信息主体在信息收集、处理及使用过程中享有充分的知情权和选择权。但有研究指出,当下的个人信息保护规则之核心在于个人对信息的控制权。[①] 可以断言,知情同意规则的法理基础实际上仍是基于个人对其权

---

① 参见刘士国:《信息控制权法理与我国个人信息保护立法》,载《政法论丛》2021年第3期。

利的控制,已经落后于数字社会的发展。

(一)知情同意之缺陷

1. 个人信息自决:信息主动分享时代的常态

基于知情同意源自"小数据"时代的法律理念,其立法初衷和实施机制仍然深受该时代特征的影响。在互联网时代到来之前,个人信息的分享和传播基本上处于信息主体的自主掌控之中,信息的流动主要依赖于个人的自由选择,即个人信息的披露与否主要取决于信息主体的主观意愿,外界若无信息主体的授权和同意,往往难以获取其私人数据,从而在很大程度上保障了个人隐私与信息安全。在互联网时代初期,虽然网络用户在线上活动中不断生成大量信息,但由于早期互联网技术的匿名性和去中心化特征,个人身份信息并未被轻易识别和关联,信息虽然广泛流通,但对个人隐私及人格权利的侵害相对较为有限。在这一阶段,通过赋予信息主体对其数据的控制权来实现信息治理的方式依然是有效的。换言之,知情同意制度的核心逻辑是基于个人本位,即通过信息主体的自我决定权来完成对数据的保护与管理。

进入数字时代后,尤其是在以大数据、云计算以及人工智能为代表的数字技术飞速发展的背景下,数据的收集、处理和利用已经呈现高度自动化和规模化的趋势,个人信息流动的复杂性和不确定性急剧增加。信息主体对自身数据的掌控能力逐渐削弱,传统的以"个人控制"为基础的知情同意机制开始显现出其局限性和失效风险。因此,数字时代的个人信息保护不仅需要对传统知情同意制度进行重新审视,还需要对现有法律框架进行相应的调整和完善,以应对现代数据治理中日益复杂的挑战,实现个人信息保护的动态平衡与合理治理。

2. 数字社会的必然:主动分享与被动分享结合

而数字时代的特征是个人信息的分享与处理已成为常态,个人信息的分享不仅是主动分享,也有被动分享,甚至被动分享才是主流,其表现在以下几个方面：

第一，信息处理者往往会使用各种办法突破知情同意理念，知情同意原则是个人主动分享信息的主要体现，一旦遭到突破主动分享就会变成被动分享。在生活中，信息处理者往往会通过隐私政策来告知用户其需要处理的信息及目的，用户通过勾选"已阅读并同意"，完成整个过程。该过程存在两个诟病已久的问题，其一，信息处理者往往会利用冗长难懂的隐私协议，阻碍用户的阅读，从而使知情同意规则形同虚设。据学者统计，许多手机应用软件的隐私协议都过长，百度公司的隐私协议竟长达 10 多万字。[①] 很难想象，用户在使用软件之前先阅读如此长的隐私协议之后，再去勾选"同意"。其二，虽然隐私协议旨在履行告知义务，但它往往也与信息服务挂钩，用户勾选"同意"后才能继续享受该服务，如果用户拒绝就只能选择退出。因此，常人根本无法做出不同意的选择，因为如果所有的隐私协议都选择不同意，那就意味着个人会与当下社会生活巨大脱节。而只要勾选了一家，由于信息处理者之间往往有分享合作的协议，就等于信息会被其他人所收集。这一点在《个人信息保护法》出台后仍然不会有所改变。虽然《个人信息保护法》第 16 条加重了信息处理者的服务义务，即用户拒绝处理其个人信息也必须提供服务，但随后又对此留有余地，即个人信息属于服务所必需的就不适用于此规则。因此，只要隐私协议能够说明所收集的个人信息是与服务所必要的，就可以继续采用这种迫使用户同意的方式。

第二，随着我国网络实名制的工作推进与数字科技（计算与储存能力、人脸识别等）的提高，个人信息一旦被收集，就难以撤回。个人在多年前被收集的信息会一直被处理，个人无法知道自身产生了多少信息，也不能就此主张撤回。有的个人信息具有较强的人格指向性，个人对它的控制意愿较强，如生物信息、金融信息等。有的信息表现为较强的衍生性，它是人们在社会生活中所不经意流露出的信息，如在社交 APP 上留下的个人信息痕迹，

[①] 参见吕炳斌：《个人信息保护的"同意"困境及其出路》，载《法商研究》2021 年第 2 期。

在搜索引擎中留下的偏好痕迹,被摄像头抓取的生物信息,等等。这些信息个人的控制意愿较弱,信息主体难以支配和控制,还很容易被认定为个人已公开的信息。个人对于这一类信息是缺乏控制和管理能力的,个人无法知道本身产生了多少数据。但这些信息却可以被网络爬虫软件等轻易收集、处理,其中不乏来自个人的隐私数据。① 对于这种情况,司法中还在按照知情同意规则处理,即爬取数据需要取得个人授权。②

而匿名化也不能很好地解决这个问题。所谓的匿名化是指个人信息被处理至无法识别原信息主体且无法复原的形态。《个人信息保护法》第4条明确规定个人信息不包括匿名化处理后的信息。但匿名化技术本身似乎并不可靠。简言之,既然有匿名化的技术,就会有去匿名化的技术,而且去匿名的技术似乎更胜一筹。③ 好比有锁就会有开锁匠,开锁匠往往都能战胜锁。况且,被匿名的残缺数据通过组合后,就能识别到信息主体。匿名化会降低数据使用的收益,因此,现实中的数据处理必然是徘徊于可识别与匿名化的中间地带。

因此,个人在事实上已无法拒绝信息的分享,我们只能去选择相信信息处理者不会滥用自身的信息。于是,个人信息权的核心应当转变为信息处理过程中的合理性,变个人权利本位转为公共利益本位,具体体现应当是以"正当必要"原则为核心而不是控制论本位。

(二)面向被动分享的正当必要原则

于是我们可以发现,法律所设计的这两条信息控制的原则很难具有实效性,其根本原因是,当下信息应用已经成为支撑各个领域的基础,不再是

---

① 参见丁晓东:《数据到底属于谁?——从网络爬虫看平台数据权属与数据保护》,载《华东政法大学学报》2019年第5期。
② 北京知识产权法院民事判决书,(2016)京73民终588号。
③ 参见刘家霖、史舒扬、张悦眉等:《社交网络高效高精度去匿名化算法》,载《软件学报》2018年第3期。

过去的针对个人的小数据分析活动。在这种时代背景下，坚持信息的个人控制已经成为无本之木。制度设计必须转向如何合理、规范地运用个人信息才具有意义，也就是信息处理活动要保持正当必要性。

所谓正当必要原则，是在法律中明文规定的一种原则。《民法典》第1035条规定，"处理个人信息的，应当遵循合法、正当、必要原则……"但个人信息权中的正当必要原则不只是民法中的原则，《个人信息保护法》第5条规定，"处理个人信息应当遵守合法、正当、必要和诚信原则"正当必要原则在域外的个人信息立法中也有所体现，例如，日本《个人信息保护法》第4章所规定的都是信息处理者的义务，即在何种情况下可以不经过主体同意而获取其信息，以及何种情况下可以不经主体同意而向他人提供数据。欧盟的《通用数据保护条例》也规定了"禁止处理敏感数据的例外"。

我国有学者将之称为"合法正当必要"原则①，也有学者将之命名为"合理原则"并认为它的理论基础是民事权益限制论。② 虽然名称不同，但与本文中的正当必要原则之理论思想大致相同。不同点在于，合理原则说的学者主张基于价值衡量，法律可以对民事权益进行正当合理的限制，所举的例子是留置权相对于抵押权和质权具有优先受偿性。而本书则是从包容性的实效主义视角（在第四章详细论述）出发，对现实生活中的现象做出法律解释。

由于绝对控制权会增加社会的信息成本，于是现实中的个人信息没有被个人控制的可能性，社会各界所关注的焦点并不是个人信息的主动分享，即"能不能"经过本人同意后被收集、处理（因为无法做到不被收集），换言之，是在被动分享的情况下个人信息有没有被"正当的"处理。

我国立法中的正当必要原则可以有效地规范信息的被动分享，无论是《民法典》（第1035条、第1036条）还是《个人信息保护法》（第13条、第14条与第18条等）都对知情同意原则留有例外，这些规则可以被简单地概括

---

① 参见刘权：《论个人信息处理的合法、正当、必要原则》，载《法学家》2021年第5期。
② 参见程啸：《论我国民法典中的个人信息合理使用制度》，载《中外法学》2020年第4期。

为经权利人同意的处理行为不一定免责,未经权利人同意的处理行为也不一定侵权。未经个人同意而处理信息的情形大致可以归为这几类:第一,通过个人已公开的途径收集的数据。第二,为了安全、卫生、舆论监督等公共利益。第三,为了保护信息本人或者其他人之更重要的人身或者财产利益。在这些情况下,正当必要原则就可以弥补意思自治的失位。当然,即使经个人同意的处理行为,也要遵循正当必要原则。有学者将"合法、正当、必要"拆分为合法原则、正当原则与必要原则,合法原则是指信息处理行为必须遵守相关法律的规定,正当原则是要求个人信息处理的行为必须有合理的目的,必要原则是禁止过度处理与缺乏相关保障措施,并认为正当必要原则就是比例原则的体现。[1] 本书赞同这种说法。因此,个人信息权的行使大体上可以被分解为三层含义:

第一,知情同意。关于知情同意原则,尽管其在个人信息保护体系中具有基础性地位,但应明确的是,知情同意是其他规则的前提,而非处理行为的唯一必要条件。在实际操作中,信息处理行为并非总是依赖于用户的明确知情,亦可存在用户不知情的情况下进行的合法处理行为。因此,"知情"不应简单等同于"授权"。在某些场景下,用户对信息处理行为的知情同意即应被视为对该行为的被迫容忍,只有当处理行为符合合法、正当、必要的原则时,这种信息处理行为仍应被认为具备合法性。

第二,目的合法。法律往往将合法性置于正当必要之前(《民法典》第1035条、《个人信息保护法》第5条),其逻辑是即使处理行为是正当必要的也需要遵守法律规定。当用户知情后,或者存在法定的可不知情情形,信息处理者才能依照相关法律处理个人信息。因此,无论用户是否知情或者处理行为是否正当必要,信息处理者都不能违反法律强制性规定。即使行为正当、用户知情的情况下,违反法律规定也不一定能免责。

第三,行为正当、必要。正当必要虽然是最后发挥作用的原则,但笔者

---

[1] 参见刘权:《论个人信息处理的合法、正当、必要原则》,载《法学家》2021年第5期。

不认为其是兜底性原则。相反,正当必要原则是最为核心的原则,也是司法自由心证的关键。知情同意只需要一瞬间,而信息处理行为可能长达好多年。在如此漫长过程中的监管与执法都需要依赖于正当必要原则的坚守。如果从这个角度观察,个人信息保护法中的权利与义务基本上都是在界定什么样的处理行为是正当的、必要的。

虽然本书主张个人信息权的理念嬗变,但并不是说知情同意原则没有意义。恰恰相反的是,知情同意应被视为一种基础性的原则,而非授权性的原则,即它只是第一道程序,表明权利人知道相对人在处理其个人数据仅此而已,并不能视为法律中的授权于相对人,相对人"有权"对个人信息进行自由处理。[1]

二、个人信息权的内涵重构

在既有研究中,支持"权利说"的学者对个人信息权的性质,尤其是其作为何种民事人格权,进行了广泛探讨。然而,笔者认为,个人信息权作为一种新型人格权,本就需要在一定程度上突破传统人格权体系的框架。假如个人信息权完全符合传统人格权的特征与范畴,则没有称之为"新"的必要,因此无须强行将其嵌入现有的人格权体系中。相反,针对数字时代的特性与需求,应当对个人信息权进行独立审视与重新界定,以更好应对现代社会中的信息保护与权利保障需求。

(一)个人让渡人格利益之根源:对公共利益的兼顾

如何理解个人信息权中的"个人",个人信息权是否只针对个人权利。有的学者将个人信息权的权利主体仅限于个人,表现为个人对其信息的控

---

[1] 参见高富平:《同意≠授权——个人信息处理的核心问题辨析》,载《探索与争鸣》2021年第4期。

制。① 这种说法比较契合民法体系思维，但对数字社会的关键矛盾缺乏回应。如果将个人信息权只理解为个人的权利，那么立法仍然需要去解决个人信息中的群体性侵权问题，这无疑没有必要。而且信息不等同于数据，针对数据权利的立法不能取代个人信息的立法。

信息处理之正当程度已经可以决定公共利益是否受损。所谓的区域小到一个片区、城镇大到一个国家甚至联盟。例如，华住酒店泄露的信息达到5亿多条，Facebook 泄露的信息达8000万条，范围涵盖多个国家与地区。这种规模的数据泄露会给区域带来诸多的影响，对个人而言较为明显的可能是莫名的广告推销等骚扰电话、跨平台的精准营销、大数据杀熟等，而不明显的则是算法歧视、算法操控、信息房茧等影响个人的自由意志。而对于区域的群体而言，所体现的可能属于生物安全、金融安全，甚至通过信息传播发起的政治安全与国家安全等。一言以蔽之，个人信息已经体现出左右公共利益之功能。

实际上，个人并非不知道自身在被动地收集信息之过程中，但是我国社会对此行为体现出了较强的包容性，尤其在一些公共事件中，我国公民对于信息的收集之忍耐情况明显较强，思其原因，并非我国公民之人格尊严意识低，而是我国公民为了公共利益做出了更多之让渡，其背后的原因是对于信息处理者之信赖。而这种信赖利益应被法律很好地保护，个人信息应被正当合法地使用。

我国立法者对此也有所意识。例如，《民法典》第1035条所规定的信息处理时必须要遵守的正当必要原则以及"不得过度处理个人信息"，都指向了立法者对于信息处理结果是否正当合理的关注。又如，《个人信息保护法》第42条明确提及了境外人不得因处理中国公民的信息而危害中国的国家安全与公共利益。也充分说明了数字经济时代个人信息不仅关乎个人的

---

① 参见李伟民：《"个人信息权"性质之辨与立法模式研究——以互联网新型权利为视角》，载《上海师范大学学报(哲学社会科学版)》2018年第3期。

利益,更体现了一定的社会性。当收集了一定数量的个人信息足以体现出某一区域特征的时候,它往往会影响一个区域的安全。

(二) 个人信息权的支配性

我国通说认为人格权属于支配权,那么个人信息权是否属于支配权呢? 学术界还存在不同的声音。支持支配权说的学者认为,个人信息权的排他性表现为对于个人信息的自决①,核心思想源自德国法中的个人信息自决权。而反对支配权说的学者们认为,姓名、肖像可以成为支配权的客体,但生命、健康、荣誉都无法成为被支配的客体。② 人格自由具有主客观的一体性,不具有被支配的可能。③ 拉伦茨认为,人是物的对立面,支配权的客体不能是自己或者他人,人身权应当是一种受尊重的权利。④

对此,笔者认为个人信息权可以被视为支配权,因为反对支配权说的核心思想是个人信息权与传统民法中的支配权不相符,但这并非个人信息本权的问题,大多数人格权都无法做到对自身尊严的绝对支配。换言之,许多已被法律所承认的人格权都存在这个问题。具体而言:

第一,个人信息权表现出了弱支配性。无论是个人信息权,还是比较法中的个人信息自决权,都无法达到对客体的圆满支配。个人信息自决权源自德国,1971 年德国施泰姆勒教授等人在解释联邦个人信息保护法草案时提出了"信息自决权"(das Rech auf informationelle Selbststimmung)的概念,即人类有权自主决定外界可以在何种程度上获知自己行动的权利,他们希望将人格自由、人的自我表现与信息自决联系起来。⑤《德国基本法》第 2 条

---

① 参见高志明:《个人信息权的属性与构成》,载《青海师范大学学报(哲学社会科学版)》2015 年第 4 期。
② 参见温世扬:《人格权"支配"属性辨析》,载《法学》2013 年第 5 期。
③ 参见曹相见:《人格权支配说质疑》,载《当代法学》2021 年第 5 期。
④ 参见[德]卡尔·拉伦茨:《德国民法通论》(上册),王晓晔等译,法律出版社 2003 年版,第 379 页。
⑤ 参见杨芳:《个人信息自决权理论及其检讨——兼论个人信息保护法之保护客体》,载《比较法研究》2015 年第 6 期。

也规定了人具有人格自由发展的权利,但人格的自由发展离不开与外部环境的接触。因此,为了保障人格自由就必须保证个人与外部环境的接触不受限制、独立自主。而个人信息的保护力度越低,信息就越容易暴露,个人的自由表现就越受到影响。提出这项权利的目的就是防范当时普遍的个人信息"自动化"处理方式对于私人隐私的威胁。但在这个概念刚提出时,并没有受到德国学界的重视。直到1984年,德国联邦宪法法院在其判例论证中提出将个人信息自决权可以视为一种人格权的观点后[1],才引发了德国学术界的大讨论,并引发了第二次德国个人信息保护法的修改运动。德国联邦宪法法院认为在数据时代,为了保障人格的自由个人需要有权力对抗对个人信息的收集、加工、存储的行为。

从含义上看,个人信息自决权类似于绝对的支配权,其具体内容可表达为:未经信息主体的同意或相关法律授权,不得收集、分享、加工个人信息;对个人信息的采集必须符合目的与法律规定,超出目的的收集即侵害了个人信息自决权。但个人信息自决权起初是公法层面的基本权利,主要针对国家行为(德国的人口普查)。但并非所有的国家行为都会侵犯个人的信息自决权,个人权利也需要考虑国家与社会利益,因此个人必须忍受国家在一定程度上收集个人信息与资料,这也是履行社会义务的一个方面。[2] 只有涉及个人隐私部分的收集行为才触犯到信息自决权。所以,即使个人有权决定在何时及何种范围公开私人事务,但也不能认为任何一次收集与利用个人信息的行为都侵犯了信息自决权,都必须找到一个法律依据。事实上,欧洲法院在判断个人信息自决权是否成立时,则会重点考察个人隐私权或者一般人格权是否被侵犯。也就是说,个体对其个人信息并不享有绝对权。

---

[1] 1983年,德国制定了人口普查法,其目的是普查全国人口,但这一行动却引发了社会的不满。一些民众就此立法行为向宪法法院提出了违宪审查的请求。法院在详细地论证后,认为该人口普查法违宪。并以《德国基本法》中的一般人格权为依据,提出了个人信息自决权。

[2] 参见杨芳:《个人信息自决权理论及其检讨——兼论个人信息保护法之保护客体》,载《比较法研究》2015年第6期。

一般认为,绝对权的效力可以作用于所有人,以不特定的人为义务人。① 显然个人信息权不具有对抗所有人的能力。

第二,弱支配性不仅体现在个人信息权中,在诸多传统人格权中都有体现。例如,隐私权也同样无法对抗舆论监督、新闻自由、公共利益等多种权益。但隐私权是法律所明确承认的具体人格权。这是由于科技的发展,使个人与公众的利益关联更加紧密。个人对人格利益无法达到绝对的支配,因为个体具有社会性,个人权利也需要兼顾正常的社会交往与管理秩序,一些个人利益也成为影响他人生活的必需品。例如,每个人都需要牺牲肖像、隐私等权利,才能完成大数据的治安管理体系。因此,个人不具有当然地排除公共利益之权利。欧盟是通过宪法上的基本权利来保护个人信息相关的权利,同时也需要通过宪法法院来完成对权力的救济。该权利从内容上看包含了对处理个人信息的决断,但也必须在一些其他的权利充分实行的条件下才可以得到保护。这样做,就需要给予法院更大的自由裁量空间,让法官来平衡个人数据权利与其他权利的保护,而个人数据的保护权就变成了一种更为宽泛的权利。

第三,退一步讲,即使否认了个人信息权甚至整个人格权体系的支配权属性,个人信息权仍然可以成为权利。权利表面是对其客体的控制,而其背后实际反映的是人与人的关系。如果某一区域只有一个人而没有其他人,这个人可以完成对该区域物的绝对控制,但这并不会产生控制权,而当该区域出现了其他人,才出现控制权,也就是说绝对地排他性并不能被视为权利证成的唯一标准。个人信息权亦是如此,它所需要面对的是个人与信息处理者之间的关系,而不是单纯的对个人尊严的控制。也就是说,信息被他人处理的行为既是个人信息权所针对的对象,也是个人信息权存在的前提。

第四,虽说我们身处于被动分享信息的时代,也并不意味着法律就需要被迫认同个人丧失了对其自身信息的支配,个人对其信息仍存有一定的支

---

① 参见朱庆育:《民法总论》(第二版),北京大学出版社2016年版,第512页。

配性。其支配性体现在两点:其一,并不再拘泥于知情同意这个过程,因为被动分享的普遍性导致知情同意无法支配其信息,那么主体对于其信息的支配性应当体现在对于信息处理过程中的撤销权。无论《民法典》还是《个人信息保护法》都规定了个人对于自身信息被处理的撤回。其二,个人有权主动监督信息处理者在处理信息时是否做到了正当必要。因为,权利主体对信息之被动收集行为的默认,本身就已经体现了自身对于公共利益的让步,法律应当保护个人对于社会之信赖利益。

(三) 个人信息权的绝对性

由于支配权与绝对权是紧密关联的,所以以往的个人信息权之论证过程中,只要否认了个人信息权属于支配权,进而就会否认他是人格权。同时,以往受到知情同意为核心理念的影响,一般地认为个人信息的分享都是主动分享,一事一议,具有很强的相对性。然而这是脱离现实的,因为信息处理者之间往往有信息共享的合作协议,以及信息抓取技术可以不经过本人同意而获取信息,被动地分享信息已经成为常态。此时,就不能认为信息处理者是特定的,而是不特定的多个人。

个人信息权实际上是个人信息(受保护)权,其主体思想是人格(受尊重)权的反映。如果从这个角度来解读个人信息权,则个人信息权就可以被认为是一种绝对权。绝对权以不特定的第三人作为义务人,义务的履行大多表现为不作为的义务,即不得侵害当事人之权利,对权利人个人信息的尊重就是在履行义务。具体而言,不特定的第三人可以分为两种:

(1) 没有处理资格的不特定第三人。这里所谓的处理资格在第四章权利主体中详细论述。这类人之义务即保持对权利人个人信息的尊重,不得随意处理权利人的个人信息。所谓的处理行为包含了收集、存储等行为,即不得去打探、保存他人的个人信息,从而保障个人信息主体对于自身人格利益的圆满性,否则就可能会被权利人追究责任。

(2) 没有处理资格的不特定的第三人。这类人虽然可以处理个人信息,但也要保持对权利人个人信息的尊重。这种尊重体现在处理者保持处理行为的合法、正当、必要。权利人分享信息的方式可能是主动的,也可能是被动的,但也不意味着个人对其信息的完全失控。个人对于信息处理者仍有监督权,监督信息处理者的处理行为是否正当必要,处理者违反了该原则就可能会被追究责任。而信息处理者的义务表现为必须满足合法、正当、必要原则下处理个人信息。

(四)个人信息权的财产权属性之否认

个人信息的人格权说与财产权说之争也是一个十分艰难的问题,甚至被美国学者称为亚宗教战争[1]。本书虽然借鉴了财产法中的权利范式结构,但并不意味着笔者赞同个人信息的财产化。虽然学界有一些赞同个人信息财产权属性的主张,[2]但笔者坚持认为,虽然个人信息具有商业价值,个人信息在法律上不应当被视为财产权,理论上的前提有所不同。不支持个人信息财产权化的原因有以下几点:

1. 个人信息财产说的否认不会影响数据的财产确权

笔者通过研究发现,许多文献支持个人信息财产权的逻辑大多与当下的数字经济发展中一个紧迫的问题相关,即数据的财产性确权。换言之,支持个人信息财产权说的论证逻辑,难以避免一种结果上的倒推,即首先论证大数据的财产属性(如在数字经济中数据交易的常态化与重要性),而数据又源于个人信息(其中又不乏数据与信息的概念混用),于是个人信息也应当是财产权。[3] 一言以蔽之,多数研究者所关注的重点是数据在现实中的财产属性而非个人信息的财产属性。

---

[1] See Samuelson & Pamela, *Privacy As Intellectual Property*?, Stanford Law Review, Vol. 5, p.1157-1158(2000).

[2] 参见陈奇伟、刘倩阳:《大数据时代的个人信息权及其法律保护》,载《江西社会科学》2017年第9期。

[3] 参见张涛:《个人信息权的界定与民法保护》,吉林大学2012年博士学位论文,第19~26页。

诚然,数据的权属不明会导致数据垄断、数据霸权、灰色交易等不规范现象产生。但当下社会各界接受大数据财产说可能很容易(现实中大数据在市场中交易早已成为常态①),而接受个人信息是一种财产又存在一定障碍。毕竟,个人信息是更接近人格尊严的利益,要论证其财产性并非易事。因此,许多数据确权的研究又往往涵盖了个人信息的属性,研究者可能认为数据难以确权的重要原因之一可能与个人信息的财产属性还未确定有关,即如果不能确定个人信息属于一种财产,那么个人数据的财产属性也会受到一定影响,进而大数据(这种个人数据的集合)的财产性就会受到质疑。

论证中的倒推可具体地展开为,由于信息(数据)具有无可比拟的重要性,且现实中信息(数据)被企业以商业秘密的形式保护②,但商业秘密必须具有商业价值,加上美国信息财产法学派论证入情入理,通过比较研究,我国的数据财产权说已基本深入人心。所以,个人数据就应当被确认为一种财产。但我们会发现,即使前一部分的证明展开得非常顺利,几乎很少遇到反对的声音;而后一部分的结论,在生活中仍然不能达成共识,数据迟迟难以确权就是例证。

于是这里存在了两个问题:第一,数据难以确权的原因是信息与数据的概念混用吗?存在这样的原因,但并不完全是。逻辑的倒逆难以改变人们对于个人信息的本能理解,即个人数据具有财产(权)属性,可以推出大数据也具有财产权属性,反之却不一定。因此,不对个人数据与大数据进行区分,也是问题之所在。于是就引出了第二个问题,数据确权一定与个人信息权的属性相关吗?如果数据确权并不必然需要个人信息确权的话,论证的难度会小很多。大数据不具有可识别性,其本身难言与个人尊严挂钩,因此数据的财产性就会凸显。那么大数据确权是否可以脱离个人确权。笔者认为,数据权利可以创造独立的权利模块,例如,大数据是一种财产,个人已经

---

① 自贵阳大数据交易所之后,各地政府又组建了多个大数据交易中心。
② 参见丁晓东:《论企业数据权益的法律保护——基于数据法律性质的分析》,载《法律科学(西北政法大学学报)》2020年第2期。

授权于信息处理者处理(知情同意规则),个人不能随意出售自己的信息(社会秩序与公序良俗等原则),大数据的交易应当严格按照交易所规定的正当程序。个人不愿意信息被处理可以拒绝这种授权(法律另有规定的除外)。但考虑《个人信息保护法》第16条取消了以往互联网企业制定的"不同意即离开"规则,权利人"搭便车"的现象就可能出现,也就是即使个人拒绝共享信息却仍然可以享受数字时代的红利。这种情况应由信息处理者给予信息共享者激励,而法律不应作出退步,否则现阶段个人信息权中最重要的规则——知情同意规则就成了一纸空文。这种权利模块的创造也更符合当下经济发展的现状。综上所述,支持数据权利的学者没有必要反对个人信息财产权否认说。

2. 有限的个人信息财产价值微弱

有观点认为,"个人数据权并非财产权,而个人信息权才是财产权"。[①]笔者认为这在实际中是站不住脚的。个人信息虽具有一定的商业价值,但这并不必然要求通过财产权规范来加以调整。事实上,个体信息的财产价值往往微不足道,单一信息的低经济价值使通过财产权保护此类信息在实践中缺乏可操作性与实际意义。

其一,微弱的价值缺乏可诉性。个体所产生的信息基本被信息处理者通过隐私协议免费获取,也很难计算其价值。"法律不计较琐碎之事",通过财产权保护个人信息实难实现。美国曾有学者对个人数据的经济价值进行了粗略的计算,得出普通人的数据价值为0.007美元,富人的数据价值为1.78美元。[②] 那么低廉的费用,如何来支撑财产权的实现呢? 易言之,如果以财产权来保护个人信息(数据),除了造成重大的司法资源浪费,对违法者来说也毫无法律威慑力。侵权的代价无非是平均每个人赔偿不到2美元,但他因此所获得的收益可能远远不止这些。此外,普通人与名人的信息价值

---

① 周斯佳:《个人数据权与个人信息权关系的厘清》,载《华东政法大学学报》2020年第2期。
② 参见申卫星:《论数据用益权》,载《中国社会科学》2020年第11期。

不对等,这会与我国一贯采取的人格权一元保护模式相冲突。①

其二,个人信息缺乏类似于财产权的可控性。所谓个人财产,个体必然具有一定的可控制能力,但这在个人信息处理中很难实现。一方面,个人数据必然是个人信息经过信息处理者的处理后才能称为数据,而此时个人数据已经属于授权处理的状态,信息与数据就已经由信息处理者所"掌控"了,个人无法做到对产权的控制。另一方面,个人信息不同于一般商品,其价值不是固定的,而是无法计算的。例如,权利人从一般人变为名人,信息价值就会发生改变;或者普通人从一个工作领域进入了另一个工作领域,其信息价值也可能会改变。个人既无法知道自身产生了多少信息,也无法知道这些信息的价值,更不可能与信息处理者议价。此外,个人信息授权使用后,就会变成持续性使用的资源,因为互联网企业之间存在关联共享数据的情况,行使一次删除权也不一定就能彻底地删除数据被使用的情况。也就不可能存在支付一次对价而买断的情况,对于这种难以计算价值的财产,民法又能如何规制?所以个人信息财产化在实际效果上意义不大。

(五)个人信息权应立足于人格尊严

正如前文所述,个人信息不同于个人数据,其核心是对个体的可识别性。因此,对个体而言最重要的当然是其人格要素。所谓人格要素,是保障人作为自然存在和社会存在所需要的因素。② 从人格要素的层面上讲,它与姓名、隐私、肖像等一样,体现了人的尊严与自由。以往的研究中已经指出,隐私利益是塑造健康人格的必要因素。个人的健康成长就需要有做错事而被包容的环境,③而隐私利益对个人的错误具有包容性,保障个人不被一些外界因素所操控,激励个人自由地选择适合自身的生活方式,一些错误可能被忘记也可能被惩罚,从而塑造个人的自由意志。当不存在隐私的时候,个

---

① 参见张新宝:《论个人信息权益的构造》,载《中外法学》2021年第5期。
② 参见徐国栋:《绿色民法典草案》,社会科学文献出版社2004年版,第7页。
③ See David Enoch, *Right to Violate One's Duty*, Law and Philosophy, 2002, p. 355-384.

人所有行为都在阳光之下,也就不存在主动选择,就不会具有权利意识与自担风险。任何人都需要隐藏自己的秘密来塑造自身的人格与形象,包括谎言;在小团体中,往往需要通过分享秘密,从而达到更加亲密的关系。个体又需要隐私制度来抵御团体或者国家的压力,为了生存就必然有这种需求。① 可以说,隐私是社会的黏合剂,当个体缺乏隐私时,社会中的多数人将会互相排斥,最终导致社会瓦解。隐私信息是人格要素的一种载体,即使个人通过知情同意规则而让渡了个人信息,他依然会关注自身人格利益是否被侵害,而不是该信息究竟有多少商业价值。从这个角度来讲,个人信息权具有人格权的属性。

人格要素不是一成不变的,它会随着人们认识能力、外部环境、物质条件的改变而改变,例如,罗马法时代人们对权利的理解更注重自由价值,近代开始关注人格权姓名、荣誉、隐私,等等,而现代所关注的利益更为广泛。个人信息权能够脱离隐私权就是时代发展的一个标志,现代人除了关注私密信息等隐私利益的保护,还关注工作与生活的环境是否平等。从妇女与黑人的解放运动以来,平等的生存环境显得越来越重要。而企业处理个人信息往往是为了通过数据算法提供差异性的服务,从而获取更高的利益。在追求商业利益与效率的同时,会侵犯了部分人享受平等服务的利益诉求,这也是个人信息权不再包含隐私权的原因。

同时,这也是笔者不赞同个人信息财产权的原因,一旦确立了个人信息的财产权,就相当于法律认可了个人可以对其进行处分。现实中的个人信息处理规则也必须遵循合理处理原则,后文将详细论文。一旦将个人信息视为财产,自然人就有随意处分的权利,这可能会影响公共利益。因此,人格利益是传统民法理论中不可让渡交易的部分,其原因之一即是交易人格利益可能会影响民法的公序良俗原则,甚至是社会的秩序。例如,名人偶像的个人信息具有较高的经济价值,当名人偶像可以随意出售个人的行程路

---

① See Barrington Moore, *Privacy: Studies in Social and Cultural History*, Armonk, p. 1984: 73.

径等信息时,那么部分公共交通区域就可能会变得难以控制,同时也不利于善良风俗。而私密信息的交易就可能危害性更大。例如,个人的性信息就属于私密信息,如果它可以扩展到照片、录像甚至互联网的传播方式,法律就更会缺乏对此规范的理由。

第四章　个人信息权的构造

本章所引用的一些文献以及论述与个人数据有关,原因有二。其一,前文虽然已详细分析了个人信息与数据的区别,但因为一些研究文献对于个人信息与个人数据的区分并不明显,且我国法律对这两者的界分也不够清晰,因此不容易避免一定程度的引用与探讨。其二,即使个人数据与个人信息的概念不同,数据权利对于个人信息权的借鉴意义仍然很大。因为,个人数据只是个人信息的载体,对于源信息的保护程度绝对不能低于对数据的保护程度。举轻以明重,个人信息泄露所引发的社会风险将会更加严峻。因此,本章中的一些混同讨论存在一定的合理性。

一、个人信息权的权利主体

权利主体即享有权利与承担义务的人。个人信息权中的主体即在个人信息处理法律关系中的参与者,包括该过程中所涉及的一切主体。

(一)信息主体

信息主体还不是法律中的专业术语,它特指产生信息的个体源头。它应当包括以下两种主体:

1. 自然人。《民法典》中所界定的信息主体的范围是"自然人",而《个人信息保护法》中的用语是"个人",但其实际上所指的还是民法中的自然人概念①。盖因为，当下的立法将个人信息保护的核心理解为对个人人格尊严的保障，不以物质性的思维考虑个人信息。② 但不仅自然人的信息需要保护，法人的信息同样需要保护。《民法典》第991条规定："民事主体的人格权受法律保护"，并未将法人排除在外。

2.法人。无论是社会中的法人还是其他团体等都会存在有价值的信息（不仅是商业价值），这些信息也一直在被利用与处理。例如，政府的电子政务与信息共享工作自20世纪90年代末就已经开始了，我国早已提出了实现跨地区、跨部门的信息资源共享，③如今国内外的实践证明，政府所共享的信息种类多且数量庞大，④而企业法人的信息也被管理与共享⑤。因此，信息的公开、处理与保护在事实中早已存在，众多企业的信息甚至到政府各部门的信息都是具有价值的。在很大程度上它们的安全价值比商业价值更重要，这些信息的价值实际上也是难以通过货币进行衡量的。共享与处理这些信息大多也是基于行政管理与公共服务等目的，信息由专门的机构管理与提供，违反法律对权利人造成损失的也需要依法追责。个人信息权所针对的不仅是非人格利益，还有众多的在信息处理中所涉及的利益，所以个人信息权的信息主体包容性应当更加广泛，其中并不排斥法人与其他组织。

当然，目前我国法律中并不认可法人的信息属于个人信息，未来可能需要予以完善。

（二）信息处理者

信息处理者也是个人信息权中的常用概念，在个人信息保护的相关立

---

① 《个人信息保护法》第3条规定："在中华人民共和国境内处理自然人个人信息的活动，适用本法"。
② 参见张新宝：《从隐私到个人信息：利益再衡量的理论与制度安排》，载《中国法学》2015年第3期。
③ 2006年，国家信息化领导小组发布的《国家电子政务总体框架》指出："依托政务信息资源目录体系与交换体系，实现跨地区、跨部门信息资源共享"。
④ 参见秦浩：《政府信息共享模式：理论、实践与个案研究》，载《电子政务》2017年第4期。
⑤ 为此上海市专门制定了《上海市法人信息共享与应用系统管理办法》（沪府办发〔2010〕30号）。

法过程中,大多用的是这种表述。本书认为,信息处理者需要符合以下两个要素:

1. 取得处理权

所谓信息处理者应当是指,具备处理权的处理者,而不是任意的处理者。获取信息处理权需要满足以下条件:(1)可以自主决定处理的方式、处理目的。① 例如,只负责收集而没有其他处理目的的,就不能视为具有信息处理行为,也就不是信息处理者。(2)实施的是信息处理行为。关于处理行为的含义,法律已有明确规定,最新的立法将收集、存储、传输等行为都纳入了处理行为。② (3)信息处理行为具有明确合理的目的。③ 合理的目的,是指经过个人明确同意或者符合法律强制性规定。这里所说的法律强制性规定是指,法律明确规定的可以不经过当事人同意而处理其信息的情形。

2. 主体范围

法律明显地将信息处理者的范围扩大了,特别是负责收集存储的单位与个人,现实中将会包括许多单位与个人。在此大致将其分为两类:

(1)自然人、私法人及其他组织。随着数字经济的发展,个人或者私法人与其他组织是数字产业经营的主力军。一些经营者通过提供个人信息处理的服务获取相应的商业回报,可被视为信息产业的服务者。一些寡头公司,通过公司的经营业务收集、处理个人信息,提高公司的商业经营效率,同时又是个人信息服务的提供者,在行业中具有更强的话语权。私法人处理个人信息必须遵循一定的限度,首先要满足知情同意规则,遵循法律规定与商业信用,不得过度收集与处理,同时在处理个人信息时需要遵守正当必要原则。而对于较大规模的信息处理者,除了需要遵守以上规则还需要恪守正当公平竞争原则,避免数字垄断、数字霸权、驱逐良币等现象。

(2)公权力机关与机构。信息处理者中的公权力担当人成为特殊的角

---

① 《个人信息保护法》第73条。
② 《个人信息保护法》第4条。
③ 《个人信息保护法》第6条。

色,它不仅具有处理的任务,更重要的是还肩负着监管的责任。《民法典》第1039条直接规定了公权力担当人的义务,证明《民法典》并未将公权力主体排除在规范之外。事实上,政府一直都是最大的信息处理者,它扮演着公务管理与服务的角色,是社会福利的创造者。行政效率、公共卫生、数据安全都离不开对公民个人信息的掌控。政府对个人信息的收集与利用比私法人更具有正当性,因此立法对政府收集行为的限制较为宽松,但政府不能因此而肆意处理个人信息。政府所掌握的个人信息更加私密、全面,一旦对其处理行为不加以限制,后果更加严重。因此,在法律中需要有更为严厉的公法制度保障,这不仅是保护公民的个人权利,更是对社会安宁以及国家安全的保障,同时也是维护自身合法性所必需的。

(三)监管者

传统的个人权利被视为私人事务的领域,如隐私权、肖像权等往往会排斥公权力的介入,本书将监管者列为个人信息权的主体意为想实现个人信息权之正当必要的目标,是离不开监管者介入的。

1.实现个人尊严需要第三方监管者介入。侵害个人信息权的案件对个人利益的损害往往较为轻微,因为个人信息的物质价值低廉,潜在价值又难以计算,法院对于损害赔偿往往无从下手。但个人信息案件的受害人数众多,而且非常分散,体现出社会性的损害特点。于是,个人的诉讼往往难以奏效,群体性诉讼势在必行。但群体性诉讼往往存在代表人难以推选,代表人可能损害群体成员的利益以及权利人怠惰等问题,加上个人信息具备社会公益的价值,公益诉讼应当是必要的选择。对此,《个人信息保护法》第70条明确规定了相关单位可以作为代表人提起诉讼。由此可以看出,个人维护自身的人格尊严离不开第三方权力机关。

2.信息(数据)安全需要监管者的介入。关乎区域安全与公平的信息,大多是由公权力机关或公益性质组织所掌管的。如部分公安机关、公立医院也拥有私人医疗机构、银行保险等企业。这些特殊的法人本就在国民经济与生活中占有重要地位,它们的实力也远非自然人能够抗衡。而且,对这一类法人的违法后果,大多对个别相关违法人以处罚的形式终结,而不是单位赔偿。显然,私法并不具有处罚相关人员的功能,必须借助公法人的参与。

3. 监管信息处理中的正当与合理需要监管者的介入。具有强大计算能力以及海量信息的处理者,个人对其维权往往也难以奏效。滥用算法会带来不菲的收益,但其危害性也日渐严峻。个人往往缺乏相关的知识或者意识,不具有监控处理之正当性的能力,必须借助专家或者相关从业人员的帮助,才能理解处理信息的行为是否正当必要,这一切同样需要借助监管者的参与才能实现。监管者通过积极管理不仅可以及时矫正算法等处理手段的正当性,做到事前预防,还能够在较大损害事件发生时,运用调查或者约谈手段,及时制止损害行为的扩大,这些都是私人所不可能企及的。

二、个人信息权的权利客体

众所周知,《民法典》中没有直接规定权利客体,除了一些历史原因①,还与客体理论的不确定性与不周延性有关②。客体之概念源于哲学,哲学中的主体是主观意志,客体是客观存在。③ 而民法中的客体概念是从哲学移植而来,导致客体含义是被主体所支配的对象,从而权利客体与权利对象一直存在混用的现象。④ 而人格权之客体更是理论研究中的难中之难,由于人格权没有确定的支配对象,所以人格权的客体一直都是众说纷纭。拉伦茨甚至认为人格权没有客体,因为"任何人都不能在他人身上规定一个支配权"⑤。本书无法解决人格权客体概念含混的问题,就以我国通说中的定义,尝试讨

---

① 参见杨立新:《我国民事权利客体立法的检讨与展望》,载《法商研究》2015 年第 4 期。
② 参见梅夏英:《民法权利客体制度的体系价值及当代反思》,载《法学家》2016 年第 6 期。
③ 参见曹相见:《人格权支配说质疑》,载《当代法学》2021 年第 5 期。
④ 参见刘德良:《民法学上权利客体与权利对象的区分及其意义》,载《暨南学报(哲学社会科学版)》2014 年第 9 期。
⑤ [德]卡尔·拉伦茨:《德国民法通论》(上册),王晓晔等译,法律出版社 2003 年版,第 380 页。

论个人信息权之客体及相似的概念。

(一)个人信息权的客体:人格利益与信赖利益

通说认为,民事权利的客体就是民事法律关系的客体,是权利和义务指向的对象。① 主流观点认为人格权的客体是某种利益。王利明教授认为权利客体主要包括物、有价证券与其他客体,这里的其他客体概括了人身利益。② 梁慧星教授认为,民事权利客体包括物、行为、人格利益、智力成果,等等。③ 杨立新教授也认为,人格利益与身份利益是民事权利的客体。④ 温世扬教授认为,以非财产利益来统一地规定人格权与身份权的客体。⑤ 因此,本书也以利益作为权利的客体。本书认为,个人信息权的客体是两种利益:

1.人身利益。我国学者普遍认为人格利益是人格权的客体。那么,个人信息权的客体是人格利益,应当没有问题。但需要指出的是,个人信息权是新型的人格权,主要针对信息处理行为。信息只是一种传播载体,当这个载体被处理后,它所反映的内容可能是已经存在于法律中的具体人格权之利益,如隐私、健康状况、肖像等,也可能是一般的人格利益。这并不妨碍个人信息权之独立性,静态的信息不是个人信息权的保护目的,被处理的信息才是。

2.信赖利益。个人信息权不同于传统的人格权之处,即在面对有处理资格的处理者时,个人信息需要被分享。传统的人格利益往往是拒绝他人支配的,而个人信息的被动分享已经成为常态。个人之所以接受这种被动的权利分享,是基于一种信赖利益,是对处理者的处理目的之信任。例如,

---

① 参见王利明:《民法总则研究》,中国人民大学出版社2012年版,第397页。
② 参见王利明:《中国民法典学者建议稿及立法理由·总则编》,法律出版社2005年版,第257页。
③ 参见梁慧星:《中国民法典草案建议稿》,法律出版社2003年版,第19页。
④ 参见杨立新:《我国民事权利客体立法的检讨与展望》,载《法商研究》2015年第4期。
⑤ 参见温世扬:《民法总则中"权利客体"的立法考量——以特别"物"为重点》,载《法学》2016年第4期。

分享个人的行程信息是为了公权力机关的公共卫生管理目标;分享个人的生物信息,是为了医疗机构攻克更多的疾病,等等。总之,信赖利益在个人信息处理活动中无处不在。当处理者违反了正当必要原则而处理信息时,个人就会丧失这种信赖感,可能导致个人对于整个社会的信息处理者都丧失了信赖。因此,法律保护信赖利益是关乎公共利益与社会稳定的。

(二) 个人信息权的对象:个人信息

有学者认为所谓权利的对象一般指具体的某种物,是一种事实性存在的事物。[1] 也有学者认为权利对象是承载了利益的载体,是具体的。[2] 但有的人格权有这种具体的载体,如身体权、姓名权;有的人格权没有具体的载体,如健康权、隐私权。因此,载体是否必须是具体的实在物,仍存有争议。笔者认为,存在没有对象的权利,一些权利的对象可能是权利或者虚拟物,如权利质权、游戏账号等。

就个人信息权而言,是有具体对象的。个人信息权的对象是个人信息,是数字化的产物。根据权利对象的形态,个人信息应当分为动态与静态两种情形。对于没有信息处理权的第三人而言,个人信息权的意义就是静态的,第三人需要恪守距离,不得去处理他人信息。对有信息处理权的处理者,且在处理目的范围内的个人信息才是动态的,是由处理者所占有的,经过处理后的个人信息。在处理目的范围之外的个人信息,处理者也需要保持审慎义务。

三、个人信息权的权利范式

权利的范式结构决定了该理论的概念、术语以及教义学,等等,同时还需要反映真实生活中人的关系之运作方式,其意义可谓至关重要。本书所

---

[1] 参见曹相见:《权利客体的概念构造与理论统一》,载《法学论坛》2017 年第 5 期。
[2] 参见刘德良:《民法学上权利客体与权利对象的区分及其意义》,载《暨南学报(哲学社会科学版)》2014 年第 9 期。

用的"球""束""块"都是一种对于权利结构的比喻。

所谓权利球是我国学者对于经典财产权学说的一种隐喻,①其主题思想是"个人财产神圣不可侵犯""非经同意,公权力不可干涉财产自由"等。18世纪以前,大陆法系与英美法系的观点相同,许多权利被构造为"球"状,主要内容表现为对客体的支配,例如,财产权就是一种排他性的控制权,鉴于该理论在法学研究者中可谓众所周知,本书对这一经典的民法基础性理论不再过多阐述而是力图通过借鉴财产权范式的发展历程,从而构建适宜个人信息权的权利结构。

前文否认了个人信息的财产权属性也并不意味着个人信息权的范式就不能借鉴财产权的理论。无论是个人信息权还是财产权都体现了一个特征,即个人控制权需要有一定程度上的让渡。财产权的让渡是基于财产的有效利用,而个人信息的让渡则是基于公共管理、服务于社会发展的需要。

(一)旧法律现实主义的杰出成果:权力束理论的兴起

"权力束"(a bundle of rights)一词最早源于经济学,随后才慢慢应用于法学领域,主要用于财产权领域。19世纪末,集体主义思想兴起,财产上附加集体与国家产权,成为一种权利集合。② 私人产权(property)不断地被集体与国家丰富,因此需要一个术语表达同一财产上的不同权利。于是财产法就开始不断地迈向相对化与趋同化,财产所有权的圆满性被击破,③所有权开始被分割并以独立的形式存在,与"束"的结构类似。

20世纪初,霍菲尔德(Wesley Newcomb Hohfeld)率先提出了权利束理论,④当时的美国正在兴起一场"旧法律现实主义"运动。所谓旧法律现实主

---

① 参见许可:《数据权利:范式统合与规范分殊》,载《政法论坛》2021年第4期。
② 参见闫立冬:《以"权利束"视角探究数据权利》,载《东方法学》2019年第2期。
③ 参见许可:《数据权利:范式统合与规范分殊》,载《政法论坛》2021年第4期。
④ See Hohfeld W. N. , *Some Fundamental Legal Conceptions as Applied in Judicial Reasoning*, Yale Law Journal, Vol. 23:1, p. 16-59(1913).

义是指在 20 世纪 30 年代，以庞德法社会学理念为基础，以卢埃林（Karl N. Llewellyn）等人为代表所发起的法律现实主义运动（Legal Realism Movement）。这场运动的目的是以反对形式主义为核心司法理念。令状制度的取消，导致普通法体系出现了混乱，而法形式主义在当时缓解了这个问题。① 但法形式主义的弊端是造成了司法的僵化。而且在大萧条的背景下，政府权力亟须扩张。所以旧法律现实主义的核心理念是，反对法学研究以法律规则为中心，反对法律规则是自洽的与确定的，等等。认为不存在普遍适用的法律规则，以及法律规则应是具体的、回应现实的。支持公法融入私法，承认了法官的政治倾向以及政府政策等对私法的影响。

由于权利束理论是源自经济学的理论，是基于对现实社会的归纳、总结所创造的，承认公有制在私法中的存在。所以权利束理论很快就被旧法律实用主义的学者所接受，甚至被一些美国的学者称为"科学的决策方法"②。应用最广泛的是土地权力束，包括了土地所有权、用益物权与担保物权等，下文将简单地概括权力束的一些特征。

1. 多元性。权力束的主体是多元的，有个人的、国家的、集体的，等等。权利的种类也是多样的，土地权所具有的使用、拒绝使用以及部分使用等。它所针对的是他人的一系列行为占有、转让、开发、使用、抵押，等等。因为财产权在实质上并非人对物的关系，而是人与人之间的关系，财产权并不一定是强调占有与处分，除了自身利益最大化还需要得到他人的理解与尊重。例如，相邻关系不一定能为所有人提供利益，但能让附近的同伴获得便利。如此，现实中的财产使用往往是一事一议，因此财产像碎片化的权利束一样，在最大程度上发挥其价值。

2. 利益相关性。由于这一概念源于产权经济学，于是它与利益是密切相关的，例如，在土地权利束中设置多元权利并不是无意义的，其目的都是

---

① 参见邓矜婷：《新法律现实主义的最新发展与启示》，载《法学家》2014 年第 4 期。
② 熊丙万：《实用主义能走多远？——美国财产法学引领的私法新思维》，载《清华法学》2018 年第 1 期。

利益最大化,因为利益保护往往是权利的目的。而且权力束的内涵是多元的,因此,每一束权利其背后保护的利益可能是相同的也可能是不同的。这也便于通过某种共性来分析不同的权利如何行使。

3. 可分离性。之所以称之为权利"束"而不是权利"球",就意味着两者有本质的区别。权利束摆脱了权利的主体、客体思想,不再拘泥于对权利客体的完全支配性。权利球虽然也可以将部分权利转让给他人,但球体本身还是属于权利人,即使将球内权利全部转让于他人,但权利人仍享受权利本体。而权利束中的某一或者几项权利让与他人后,那么这一束中的部分就丧失了。

4. 整合性与束点。由于权力束分离出多种不同的分支,同时还可以不断地扩张这一"束"的内容。因此,在权利束中的权利之间必须具有一定的整合性,不然就不是一种权利而是多种权利。它们的整合性基础是什么?在前文已经大致论证过了,类似于权利流动说中的派生权利,一概言之,即被派生的权利需要从"源"权利中寻找正当性,无法独立。

此外,权利之间还应当存在"束点"。束点就是每种权利之间的排他性边界,多种权利之间需要一定的边界,才能避免冲突将利益最大化。例如,抵押、融资租赁、按揭都是将财产权细分的结果。其中,每个权利人所享有的权利均不相同,这就是由束点所决定的。

(二)新思维运动的新发展:权力模块理论的提出

权利块(Right as Modularity)理论出现于比较法中的私法新思维运动(The New Private Law),所谓新思维运动是新法律现实主义(New Legal Realism Movement)的新发展。21世纪初期,桑斯坦(Cass R. Sunstein)等学者又发起了一场自称为"新法律现实主义"的运动,并将上一场运动称为"旧法律现实主义"运动。它们的相同点是都反对法律形式主义,反对教条的研究方法、倡导自下而上的实证研究方法等。不同点是新法律现实主义更贴近于基层的法律行为研究,如基层法院判决、一般人对于法律的认识等。反对过分强调政策对法律的影响,担心旧法律现实主义可能会导致法律与政治相混淆,以及法律独立性之丧失。所以,有学者认为新法律现实主义比旧法律现实主义更加贴近基层和社会现实。①

而新思维运动正是新法律现实主义之发展,其中比较有影响力的是托马斯·梅丽尔教授与亨利·史密斯教授的观点。史密斯教授认为财产权看似像丰富多样的束状,但在实际中总是以模块的形式出现,这在很大程度上是由财产权的信息成本所决定的。② 具言之,是人的生活境遇更为复杂,所有人难以做到对每一次的财产利用都进行协商(一事一议),例如,土地所有人不可能一直监视着土地上的通行情况,禁止陌生人的每一次通行,这样的协商会消耗太多精力(信息成本)。同理,国家与集体也不可能就每一次的私人财产使用行为进行立法,国家与集体不具备这样信息,抑或要付出过多的信息成本。因此,立法需要创造一定的标准化规则(就像是模块一样)来简化处理财产权需要面临的复杂情形,以简化信息处理成本。③ 那么权利模块论是如何解释财产法的呢?史密斯教授对模块的划分取决于权利人与第三人之间的人身关系④:

1. 熟人关系(neighbors)。它是指任何与财产有着重大外部关系的人,任何处分财产的行为都会对他们造成较大影响。在熟人模块中,由于熟人之间相互交流非常方便,信息成本大大降低,因此权利人与相对人之间的处分规则较为轻松。熟人之间的处分规则往往借助各种非正式规范,由于设计处分规则的成本并不高,因此可以根据熟人之间的关系,自行地设计个性化的财产关系,也就难以形成标准的规范。例如,共有关系中,集体内的成员

---

① 参见邓矜婷:《新法律现实主义的最新发展与启示》,载《法学家》2014 年第 4 期。
② See Henry E. Smith, *Property as the Law of Things*, Harvard Law Review, Vol. 125:7, p. 1691-1726(2012).
③ See Henry E. Smith, *Property as the Law of Things*, Harvard Law Review, Vol. 125:1725, (2012).
④ 史密斯教授在这篇文章中的用语是 Prism(棱镜),但表达的意思几乎与模块相同。See Henry E. Smith, *The Property Prism*, Econ Journal Watch, Vol. 8, p. 250-252(2011).

之间信息成本甚至可以忽略不计,就可能共享同一财产。托马斯教授认为,熟人模块中的规则仅限于熟人之间,不会作用于不特定的第三人,陌生人的交易成本并没有增加,就没有必要通过法律标准化。①

2. 陌生人关系(strange)。它是指与财产不会发生任何潜在关系的第三人。陌生人之间,往往适用严格的排他性模块。排他性需要根据具体的情境而设定,而不能像"排他所有权"普遍地适用于所有财产。② 因为陌生人数量众多,每个人都千差万别,法律无法为每一次协商量身定制一种规则,只能将"排他权"作为基础性的规范,排他性对任何陌生人都一视同仁,非经允许任何人不得处分权利人的财产,且无论这种处分行为是否增益了该财产的价值,否则就会面临法律责任。③

这种简单严格的模块,虽然不能实现财产利益的最大化,却减少了当事人之间沟通的信息成本,他人只需要明白不是自己的财产就没有处分的权利。这样可以避免思考财产及其所有人利益最大化的复杂问题,如所有权人的性格、偏好对无权处分行为的追认影响,等等,进而减轻了复杂场景中的信息成本问题。

3. 商业关系人。本书所说的商业关系人是指史密斯教授所谓的潜在交易人(potential transactors)与共同利益人(persons inside the zone of privity),潜在交易人是指对该财产积极寻求某种占有关系的人,手段可能是交易也不排除政府的征用行为;共同利益人是指因合同关系对某财产享有共同利益的人,如租户、公司股东、隐名合伙人等。他们实际上都是介于陌生人与熟人之间的一种人际关系,体现出一种折中程度的权利模块,本书将这两者合并介绍。对于商业关系人来说,权利模块以有限的规范形式出现,如租

---

① See Thomas W., Merrill, *Property as Modularity*, Harvard Law Review, Vol. 125, p. 157-158 (2012).

② 参见熊丙万:《实用主义能走多远?——美国财产法学引领的私法新思维》,载《清华法学》2018年第1期。

③ See Henry E. Smith, *Property as the Law of Things*, Harvard Law Review, Vol. 125, p. 1702-1703(2012).

赁、地役权、信托等。通过不同方式部署资源来实现不同的目的。权利人对第三人的权利也不限于排他权这一种,但也不能像熟人关系那样自由创设,需要遵循物权法所规定的模式。

这种创设方式同样也与处分财产的信息成本有关。财产需要统一的公示系统(登记制度),商业关系人需要去调查财产的登记信息。如果该模块中当事人可创设权利的自由度越高,则交易的信息成本就会越高;而权利种类越少,就会约束财产发挥其本身的效益。于是,需要践行物权法定原则,将财产权限定为法定的几种,减少商业行为中的烦琐调查,将信息成本控制在一定程度内。

(三)"块""束"结合:个人信息权的范式结构

上文大致地总结了财产法中正在流行的权利束理论与财产法的新思维——权利模块理论及其具体的构造设想,都是为了对个人信息权的规范构造提供一些借鉴意义。权利束与权利模块理论都是基于财产权而论证的,都属于法实效主义的观点,即更注重法律在实际应用中的作用。权利束概念是对零交易成本社会的一种趋鹜,生活中的交易行为会追求利益最大化,于是产权不再是完整的、不可侵犯的权利,摆脱了权利的唯客体论,不再纠结于对权利的控制,很好地解释了个人尊严的部分让渡问题。

这可能会将权利变得过于分散、空洞。用权利束这一概念来解释个人信息权,是因为个人信息权与权利束之理论契合性。[1] 但无论是权利束理念还是权利模块理念都是财产法中兴起的理论,若要适用于个人信息权的构造,都需要新的理论解释。无论是支持权利束说还是支持权利模块说,都有其道理,但可以肯定的是权利球型理论已经不适用于个人信息权理论,甚至落后于当下的时代发展。本书更倾向于权利模块说,理由有以下几点:

---

[1] 参见阎立冬:《以"权利束"视角探究数据权利》,载《东方法学》2019年第2期。

1. 理论借鉴的理由:个人信息权与财产权有相似性

在数字社会中,个人信息共享(处分)的普遍性和重要性已经不亚于财产的流转。个人信息基本上承载了社会中方方面面的生活姿态反馈,海量的信息足以预测产业趋势、区域经济、个人偏好等对于公共管理及商业发展具有重要影响的因素。个人信息早被《经济学人》杂志誉为 21 世纪的石油,2018 年的"摩拜单车收购案",有媒体曾直言摩拜公司所掌握的用户数据(平均每日高于 40TB 的出行数据)似乎才是美团公司所看中的"核心资产"。[1] 中国共产党第十九届四中全会已经把数据归为与土地、资本并列的生产要素。毫无疑问,个人信息所产生的社会效益(也包括经济效益)已经可以与财产相提并论。

财产法需要面对的现实问题是:如何将一财产的效益在不同的主体之间最大化地发挥,且保持各主体之间的关系有条不紊、和睦相处。同样地,信息处理者在处理个人信息时遵循着利益最大化、降低交易成本等宗旨,也存在资源的共享与独占、损害相关人利益等问题,这些特点与财产的处分与流转极为相似。在现实中,不仅存在许多官方背景的数据交易所,还存在许多黑市数据产业链,许多互联网企业还有自己的交易渠道。[2] 换言之,个人数据(信息)类似于资产,被交易早已是现实。但不足之处是缺乏法律的标准化规范,由私人之间协商创设规则(一事一议)仍是主流。正因如此,许多数据交易并未能成交,贵阳大数据交易所也停止了对外公布交易量。这已经与财产法诞生的背景相类似,所以个人信息权套用财产法的理论并非无源之水、无本之木。

2. 权利束体系的摒弃:利益的多样化

社会中的个体是个人信息的产出者,在理论上也是信息的所有人。个

---

[1] 参见《摩拜单车被美团低价收购,共享单车并购背后有何玄机》,载央视网,https://jingji.cctv.com/2018/04/16/ARTIsYXPzrdeuArxhLw01voS180416.shtml。

[2] 参见罗曼、田牧:《理想很丰满现实很骨感 贵阳大数据交易所这六年》,载《证券时报》2021年7月12日。

体数量众多导致数据主体多元化,也就意味着可能每个人的信息分享出发点不同,就必然会造成权利的诉求不尽相同。例如,重大公共卫生事件的防控工作需要应用个人的行程信息,这是否构成对个人尊严的侵犯,许多人对此的看法不能统一。

当下社会,个人信息是一种综合性的利益,单个法律甚至法律部门都难以形成有效的规范。个人信息虽然接近于人格尊严的基本权利,但它是数据的上位来源,既属于数字企业运行的基本要素又是行政管理的重要资源,还会涉及国家安全利益,可谓肩负着多元利益。为了保护这种基本权利就需要多方面的配套制度,这中间不单指现有法律规定中的权利,如人格权益,还需要构造其他的新型规则。从目前的研究与实践结果来看,个人信息制度包含了多种权利且互相不相隶属。如知情权、同意权(《个人信息保护法》第44条)、查阅、复制权(《个人信息保护法》第45条)、补充更正权(《个人信息保护法》第46条)、删除请求权(《个人信息保护法》第47条)等。因此,权利球体系过度地强调控制与排他,就无法满足这种多元化的诉求。权利束与权利模块的构造才可能完成这样的任务。

3. 权利束体系与权利模块体系的结合:理论与成本的选择

但以上两点还不足以说明为什么本书倾向于主张权利模块结构与权利束相结合,而不是单一的权利束结构。权利束理论突破了经典财产法学中的二元结构(对人权与对物权),对同一财产可以通过多样性的分割方式,发挥不同的财产利用目的。但正如学者所言,权利束的结构属于单维度的实用主义(brass-tacks pragmatism)思想,美国的单维实用主义更加注重私法与政治、权利之间的关系,也就与"公法"的思想没有本质区别。[①] 也就是说,公权力可以通过立法的方式对财产进行分割,从而达到政策性的目的,不用拘泥于经典财产法中的绝对排他性。但对权利束的批判并不仅是它在概念或者教义学层面与公法的混淆,而是在实效层面上它还不够经济。过于分散

[①] 参见熊丙万:《实用主义能走多远?——美国财产法学引领的私法新思维》,载《清华法学》2018年第1期。

化的权利结构对现实中的财产流转现象之解释还不够准确,还可能会误导未来的立法方向,增加财产交易时的成本。[1]

借鉴以上的立法经验,个人信息权的构建就具有了一定的后发优势。权利模块的构造对个人信息的实现与发展具有更好的解释性。例如,个人信息规范中必然包含公与私两大模块,因为我国法学界对于公法与私法的界限划分比较分明,多数研究文献都只专注于一个领域(公法或者私法),打通公私界限的研究较少。以目前的理论基础,还难以通过权利束理论说明公法已经全面渗透私法。而在实际应用中,个人信息规则的立法也被明显地分为公法与私法两大模块,如《个人信息保护法》中第4章(个人在个人信息处理活动中的权利)与第6章(履行个人信息保护职责的部门)。这种划分方式比起一事一议当然也减少了信息的传递成本,信息处理者不用担心公权力是否会无端介入私人协议的模块,信息主体在明确了私密信息受到法律特殊的保护,也增加了信息传递的信心。在模块内设置不同的权利束,才能达到更好的规范效果。

权利球、权利束与权利模块都是财产法学者提出的基于法实用主义的概念。权利球是最经典的观念,强调权利的完整性与不可侵犯性。权利束理论是旧法律实用主义时代的理论,反对权利的绝对性,把权利拆分成束状。因为现实中需要提高财产的利用效率,所以必须打破这种权利的完整性。而权利模块理论是新法律实用主义的新成果,为了进一步提升财产的利用效率,避免权利结构过于分散,设计几个不同理念的模块解释现实中的财产法适用状况。模仿史密斯教授提出的财产法模块体系,将个人信息权分化为不同张力的块状,并在模块内辅以权利束的构造是较优选择。个人信息也是一种生产要素且具有经济性,所以借鉴财产法的理论并不具有天然障碍。

---

[1] 参见熊丙万:《实用主义能走多远?——美国财产法学引领的私法新思维》,载《清华法学》2018年第1期。

第五章　个人信息权的主要权能

权能(Befugnisse)是民事主体在法律上能够行使的能力,是法律规定的一种法定能力;权利是法律规范赋予当事人为实现其利益而实施的行为范围。权能是权利的非独立的组成部分,它是权利所赋予权利人的意思决定的空间,是权利的不可分离的组成部分。权利就其功能而言,是当事人实现法律上利益的工具;就其内容而言,则是法律容许的行为范围;而就其效力来源而言,却是法律之力。《个人信息保护法》第四章规定了"个人在个人信息处理活动中的权利",此处虽然使用了"权利"二字,然而这个"权利"其实是指"权能"。

一、知情决定权

《个人信息保护法》第44条是对知情决定权的规定,该条的目的是私人应对涉及其个人身份和生活相关的数据或事实享有了解与处分的能力,属于个人信息权的基础性权能。通过确立个人对其信息处理享有的知情决定权,个人即有权限制或者拒绝他人对其个人信息进行处理,为《个人信息保护法》第四章后文的其他权能奠定了正当性基础。

(一)知情决定权属于形成权

与个人信息权的其他权能不同,知情决定权在性质上属于形成权而非请求权,其权能的实现方式具有特定的法律特征与独特性,具体而言:

首先,《个人信息保护法》第 13 条明确规定,个人信息处理活动必须以获得信息主体的同意为前提,信息处理者仅在取得当事人合法、有效的同意后,方可开展个人信息处理行为。《个人信息保护法》第 17 条进一步对信息处理者的告知义务作出了详细的规定,要求其在处理个人信息前,充分、具体地告知当事人有关个人信息处理的目的、方式、范围及其他必要事项。除法律另有明确规定或个人信息处理活动系为提供产品或服务所必需的情形外,个人信息处理者不得因当事人不同意处理其个人信息或撤回同意而拒绝提供产品或服务。

其次,对于涉及敏感个人信息的处理活动,《个人信息保护法》要求更为严格的告知标准与同意要求。信息处理者应当在处理敏感个人信息前,向当事人告知处理该类信息的必要性及可能对其权利带来的影响,并取得当事人的"明示同意",以确保信息主体在充分知情的基础上作出自愿、真实的授权决定。

再次,个人享有随时撤回其同意的权利。依据《个人信息保护法》的相关规定,在基于"知情同意"原则的个人信息处理活动中,信息主体可以随时、无须说明理由地撤回其同意。信息处理者应当为信息主体提供便捷、有效的撤回同意途径,并在当事人撤回同意后,立即停止个人信息处理活动,并主动删除其已收集的个人信息数据。这一机制旨在通过赋予个人对其信息处理的持续控制权,保障信息主体对其个人信息享有充分的处分权与自决权。

最后,《个人信息保护法》要求信息处理者公开其制定的个人信息处理规则,并确保该规则的内容便于个人查阅、保存。《个人信息保护法》第 48 条进一步规定,信息主体有权要求信息处理者对其个人信息处理规则进行解释说明,以保障信息主体对个人信息处理活动的充分了解与监督。个人信息处理者负有回应信息主体请求、解释其处理规则的法定义务,从而在知情权和解释权的双重保障下,实现信息主体对个人信息处理活动的有效监督与控制。

(二) 对知情决定权的抗辩

尽管《个人信息保护法》第 50 条赋予了个人信息处理者拒绝个人行使其权利的权利，但对于拒绝权的"正当理由"却未作进一步明确规定。有学者认为，若允许个人信息处理者在行使拒绝权时将"正当理由"界定得过于宽泛，则可能导致个人信息权益形同虚设，从而削弱法律对个人信息权利的实际保障力度。[1] 因此，个人信息处理者拒绝个人行使权利的"正当理由"应当限缩在以下三类情形之内：其一，权利主体不适格。即提出请求的个人并非信息处理活动所涉及的个人信息权利主体，不具备相应的主体资格。其二，权利行使要件欠缺。即权利的行使缺乏法律规定的实体要件或形式要件，如未能提供必要的身份证明或无法证明其主张的权利基础。其三，行使权利不符合法律、行政法规的规定。即权利主体行使该项权利的请求与现行法律、行政法规的具体要求相违背，无法依据法律规定予以支持。

需要特别注意的是，《个人信息保护法》第 50 条第 2 款明确规定，个人信息处理者拒绝个人行使权利请求的，个人可以依法向人民法院提起诉讼。由此可见，当个人信息处理者拒绝个人的权利行使请求时，无论其所主张的理由是否符合法律规定，个人均享有诉权，可以向人民法院提起诉讼。而对于拒绝理由的正当性与合法性，则应交由司法机关最终裁判。

若个人信息处理者无正当理由拒绝个人的权利行使请求，其行为本质上可能构成对个人知情权、决定权等基本权利的侵害。因此，自然人有权依据《个人信息保护法》行使相应的权利救济途径，如停止侵害、排除妨碍、消除危险等人格权请求权。具体而言，自然人可以要求未经其同意而擅自收集、加工其个人信息的处理者立即停止侵害行为，即停止进一步收集、存储、使用其个人信息的行为；或者要求处理者删除非法收集的个人信息、消除已存在的信息安全风险，乃至恢复被损毁的个人信息等。

---

[1] 参见程啸：《论个人信息权益的行使与救济机制》，载《中国应用法学》2022 年第 6 期。

此外，若个人信息处理者的违法行为造成了实际损害，无论因为非法处理个人信息，还是因为无正当理由拒绝个人行使其依法享有的权利，根据《个人信息保护法》第69条第1款的规定，个人均有权要求个人信息处理者承担相应的民事赔偿责任。由此可见，《个人信息保护法》在赋予个人信息处理者一定拒绝权的同时，亦通过一系列救济措施确保个人信息权利的实现，进而在权利与义务的平衡中实现对个人信息权益的实质性保障。

二、可携权

可携权，又称为个人信息可携带权、数据迁移权或数据可携权，近年来成为法学研究的重要议题。根据欧盟《一般数据保护条例》的相关规定，数据可携权的核心在于赋予数据主体以结构化、技术可行且机器可自动识别的方式获取其提供给数据控制者的个人数据的权利。数据主体不仅能够主动获取这些数据，还享有将其个人数据自由传输至其他数据控制者的权利。在此过程中，先前掌握该信息的数据控制者不得对数据主体行使其可携权设置任何障碍，从而确保数据主体在信息流动中的主动性和控制权。[①] 该权利的创设，旨在增强个人信息保护，促进数据的自由流动与合理利用，同时也为数据经济的发展奠定了基础。我国《个人信息保护法》第45条第3款，可被视为个人信息可携权的法条依据，其内容仍需进一步解读。

（一）可携权的性质

在私法领域，信息自决权是信息可携权的重要法理基础，体现了对人格意志的确认与保护，其重要性不言而喻。

①个人信息可携权属于请求权。个人在行使查阅、复制其个人信息的权利时，须以正式的请求方式向信息处理者提出主张，且信息处理者负有配合的法定义务。因此，可携权的实现并非自动生效的权能，而是需依托信息

[①] 参见孙森、宣顿：《欧盟〈通用数据保护条例〉中数据可携权的本土化建构研究》，载《经营与管理》2022年第4期。

主体主动发起请求,并由数据控制者予以响应和配合方能完成。这一法律安排明确了信息主体与信息处理者之间的权利义务关系结构:信息主体通过提出明确的请求,启动其对个人信息的支配程序,而信息处理者则在法律规定的范围内提供相应的查阅、复制与传输服务,从而实现权利的有效落实。这一机制不仅体现了可携权在本质上具有典型的请求权属性,更强调了信息主体在权利行使中所需承担的程序性义务与信息处理者的配合责任。同时,请求权的逻辑体现了权利主体对自身享有的人格利益的有限处分。这种双向互动模式,有助于平衡权利保护与信息流通之间的关系,避免数据控制者在权利履行上的消极对待或阻碍行为,从而有效保障个人信息权的可行性与可操作性。

此外,如果所涉及的个人信息已经被匿名化或删除,信息主体则无权主张要求复制和传输。这是因为,匿名化处理后,信息不再与特定的个人直接关联,失去了识别和追溯的能力,而删除则意味着信息的彻底消失,权利主体因此无法对其进行任何形式的请求。这一理论旨在确保可携权的行使具备合理性与合法性,防止信息主体对非关联性信息的无序主张,从而维护个人信息保护的整体性与有效性。因此,将可携权界定为请求权,能够更好地保障个人信息主体的合法权益。

②信息自决权作为人格上的意志自决,源自德国学者施泰姆勒的理论,并在随后的"小普查案"和"人口普查案"中得到进一步发展,最终确立为德国一般人格权的重要组成部分。德国联邦法院在其判决中,以《德国基本法》为理论依据,初步构建了"人格尊严与人格自由→一般人格权→信息自决"的逻辑框架。这一逻辑不仅强调了个人信息的自决权与人格尊严的密切关联,也揭示了个体在信息处理中具有主动的选择权。

我国《宪法》第33条明确规定"国家尊重和保障人权",此外,第38条和第40条也保障了公民的人格自由、通信秘密和通信自由,这些条文充分体现了个人信息权的"本权权益"源流。通过对比可见,尽管两国法律制度存在差异,但信息自决权作为维护个体尊严与自由的重要手段,均在各自的宪法框架内得到了充分的认可与保障。这不仅为个体在信息流动中的权益提供了法律依据,也为实现社会的公正与和谐奠定了基础。

③个人对其个人信息的使用和支配享有自主决定权,这一权利的核心在于个人信息的可携带性,数据可携权在我国法律体系中有着多重法源的支撑,但需注意的是,个人信息同时具有社会属性,个人信息权并非强而绝对的权利。这一特性要求在权利行使过程中必须考虑他人的合法权益与社会公共利益。对此,《个人信息保护法》第44条的但书明确指出,个人在行使权利时,不得违反法律或行政法规的其他规定。这一规定不仅强调了个人信息权在具体行使过程中的责任与义务,也反映出法律对于个体权利与社会整体利益之间平衡的重视。旨在防止个人信息权的滥用,保障社会的和谐与稳定,从而实现个人权益与公共利益的有机统一。

(二)可携权的行使

信息可携权是个人信息权的重要权能,蕴含着信息主体的精神利益。在违反信息可携权义务的情况下,由于无法通过返还原物或恢复原状来弥补,信息处理者需就信息主体遭受的精神损害承担赔偿责任。为了充分发挥信息可携权的积极功能,应从多元利益分配正义的视角出发,对该权利的行使条件和监管策略进行具体化探讨。[①]

《个人信息保护法》第45条和《民法典》第1037条第1款为个人信息可携权提供了法律依据,赋予个人查阅和复制其个人信息的权利,并要求信息处理者配合。然而,信息可携权的行使受到多种限制。尽管根据信息主体自决原则,所有与个人人格利益相关的个人信息理论上都应纳入信息可携权的范围,但该权利的行使仍需遵循法律框架和具体条件的约束。主要体现在以下两个方面:

一是对公共利益的维护可构成对个人信息可携权行使的正当抗辩事

[①] 参见王锡锌:《个人信息可携权与数据治理的分配正义》,载《环球法律评论》2021年第6期。

由。依据《个人信息保护法》第 35 条的规定,国家机关在履行公务时,若告知信息主体相关信息可能妨碍公务的正常执行,则可以不履行告知义务。此外,根据《个人信息保护法》第 17 条和第 18 条的规定,在法律或行政法规要求保密或规定无须告知的情况下,一般的信息处理者可以不向信息主体提供其名称和联系方式。这意味着,在信息主体无法知晓具体信息处理者身份的前提下,其行使信息可携权的途径实际上被阻断。这些对信息可携权的限制,反映了立法者试图在个人信息保护与社会公共利益之间实现一种适当的平衡。信息可携权虽然旨在赋予个体对自身数据更大的控制权,但这种权利并非绝对无条件的。当信息可携权的行使可能妨碍公共利益,或者可能侵犯他人的合法权益、隐私权和信息安全时,法律通过设置特定的限制机制来防止潜在的负面影响。

二是个人信息向他人的移转须符合国家网信部门的相关规定。《个人信息保护法》第 45 条第 3 款明确指出,信息主体要求将其个人信息移转至其他信息处理者的,应当符合相关法律规定。由于国家网信部门承担着加强互联网治理和维护国家网络安全的重任。近年来,基于社会需求,网信部门相继制定了一系列网络安全和个人信息保护的规章制度,如《移动互联网应用程序信息服务管理规定》等。在信息主体提出个人信息副本传输请求时,其行为必须遵守网信部门的相关规定,而行使个人信息复制权则不受此限制。这一差异源于直接传输方式涉及更高的安全风险,且相关主体间的权利义务界定更为复杂,因此急需网信部门制定更为详尽的规定加以规范。此类法律安排不仅保障了个人信息的安全与有效传输,也维护了社会公共利益及他人的合法权益。

三、更正权

《个人信息保护法》第 46 条规定了更正权。更正权,顾名思义,即信息主体在发现其个人信息存在错误、不全面、不适时等情形时,有权请求信息处理者进行更正或补充的权利。这一权能的设立,旨在确保个人信息的准确性和完整性,防止因错误信息导致的权益损害。同时,更正权也是个人信息主体行使其他权能的基础和前提,如访问权、删除权等都需要以更正权为保障。在个人信息权的各项权能中,更正权占据着举足轻重的地位。

(一)更正权的价值

任何个人信息的不实、错误或者对其内容的扭曲都会或多或少影响个人社会形象的塑造,让个人在社会中的发展偏离自己的预期。因此,针对错误信息的更正权对保护个人信息乃至人格尊严十分重要。更正权在个人信息权中的地位和作用,可以从以下几个方面进行阐述:

首先,更正权是个人信息权的基本权能之一。在信息化时代,个人信息无处不在,其准确性直接关系到信息主体的合法权益。更正权的设立,使信息主体在发现个人信息错误时能够及时要求更正,从而保障个人信息的准确性。

其次,更正权是个人信息主体行使其他权能的基础和前提。更正权作为信息主体掌控和管理个人信息的重要工具之一,为信息主体行使其他权能提供了基础和前提。例如,在访问个人信息时,如果发现个人信息存在错误,信息主体可以行使更正权进行更正;在删除个人信息时,也需要先确保个人信息的准确性,避免误删重要信息。

最后,更正权有助于维护信息处理的公平性。在信息化时代,信息处理者掌握着大量的个人信息,如果这些信息存在错误或不准确的情况,将会对信息主体造成不公平的待遇和损失。而更正权的设立,使信息主体能够及时发现并更正错误信息,从而维护信息处理的公平。

(二)更正权的属性

更正权具有明确的请求权属性,它是个人信息权法律体系中的一项法定权能。更正权不仅是信息主体维护个人信息准确性、完整性的重要手段,也是个人信息权体系中构建个人与信息处理者之间关系的关键环节。更正权的法律属性为其提供了权利的边界与框架,同时也赋予其实践中的规范性和程序性要求,它具有以下两个特征。

一是主动性。更正权的行使具有主动性。信息主体在发现个人信息存在错误时,可以主动向信息处理者提出更正请求,要求其对个人信息进行更正或补充。这种主动性使信息主体能够在个人信息保护中占据更加主动的地位,防止错误信息对其造成的潜在不利影响。

二是相对性。更正权的行使具有相对性。这一权利的行使依赖于信息处理者的配合与履行法定义务。信息主体向信息处理者提出更正请求后,信息处理者负有审查和处理请求的责任,确保更正过程的顺利实施和信息的及时、准确更正。这种相对性不仅体现了信息主体与信息处理者之间的权利义务关系,也反映了信息处理者在个人信息保护中的角色与责任。同时,信息处理者应遵循法律规定,保证对更正请求的充分响应,避免因怠于履行义务而损害信息主体的合法权益。

(三) 更正权的行使

在个人信息权法律体系中,更正权的行使不仅要求信息主体满足一定的条件,而且需要信息处理主体在程序中承担相应的义务和责任。以下将详细分析信息处理主体在更正权行使过程中的义务和责任。

①更正权行使的先决条件

《个人信息保护法》第 46 条将"信息不准确或者不完整的"作为权利行使的主要情形,所谓"信息不准确"主要是指当信息主体发现其个人信息存在明显的错误时,有权要求信息处理主体进行更正。这里的"错误"除了拼写错误、事实错误等简单的错误。

"信息不完整"主要是指逻辑错误指的是个人信息在记录中不完整或缺失某些重要信息,导致信息主体的个人信息在逻辑结构上出现不合理或自相矛盾的情况,例如,教育时间与年龄推算存在较大出入,教育背景与工作经历之间存在明显不一致等。此类错误可能导致他人对信息主体的背景或生活产生误解,从而进一步对其人格造成损害。此种情形下,如果信息主体认为构成侵权,也有权要求信息处理主体进行补充。

除此之外,随着时间的推移,某些个人信息可能会发生变化或不再适用。例如,个人的联系方式、住址、职业等信息可能会因为搬迁、更换工作等原因而发生变化。在这种情况下,信息主体有权要求信息处理主体更新其个人信息。

②更正权行使的法律效果

更正权的行使直接影响个人信息的法律状态,具体而言,主要体现在以下两个方面:

一是当信息主体按照法定程序成功行使更正权,纠正个人信息中的错误、不全面或不适时内容后,所更正的信息将具备相应的法律效力。这一变更意味着,在个人信息的处理、使用与传输等各个环节中,更正后的信息将作为法定依据,取代原有的错误信息。因此,无论是政府机关、企事业单位,还是其他组织与个人,在涉及信息主体权益的决策与行动时,均应以更正后的信息为准。

二是更正后的个人信息将具有对抗第三人的效力。这意味着,即使第三方在更正前已经获取了错误信息,并在后续活动中使用了该信息,一旦信息主体行使了更正权,更正后的信息将具有对抗第三人的效力。第三方不得再以错误信息为依据,对信息主体进行任何形式的侵害或限制。

更正权的行使不仅影响个人信息本身的法律状态,还会对第三方的使用产生重要影响。在实践中,企业和机构常依赖个人信息进行客户评估、信用评分等,一旦信息主体成功更正其个人信息,如果企业评估基于已更正的错误信息,导致对信息主体做出了不当的法律限制造成了损害,第三方可能面临法律诉讼或赔偿责任。于是,第三方在接收和使用个人信息时,需对信息的时效性和准确性进行审查。如果他们未能及时更新信息,仍以更正前的错误信息为依据,将面临合规风险。

四、删除权

所谓删除权,通常是指信息主体对已发布在网上的有关自身不恰当、过时、继续保留会导致其社会评价降低的信息,要求信息控制者予以删除的权利。这一权利的核心在于让过时的、不再具有价值或可能产生负面影响的个人信息从网络中消失,从而保护信息主体的隐私。我国实证法中明确规定了个人信息删除权,《个人信息保护法》第 47 条规定了信息处理者在某些情形下负有主动删除的义务;同时,在信息处理者未主动履行义务时,信息主体也有权请求删除。

(一)删除权与被遗忘权

被遗忘权作为个人信息保护领域的一项重要权利,受到学界广泛的关注。自《个人信息保护法》出台后,有观点认为第 47 条第 1 款是本土化的"被遗忘权"[①]。笔者认为,被遗忘权的实质并非单纯的删除,而是通过"遗忘"机制对个体信息权进行更为深层次的保护与控制。

被遗忘权是一种兼具保护和控制的在线权利形式,其核心在于赋予个人对自身信息的更大自主权。具体而言,遗忘权旨在保障个体免于受到由于过时、不当或与现时无关的负面信息所带来的困扰或伤害,从而维护人的尊严、隐私和自由。现代信息社会中,个人信息的传播和存储具有高度的持续性和扩散性,遗忘权则为个体提供了一种应对这种信息"持久记忆"的制度化保障。

删除权旨在赋予信息主体向信息处理者请求删除其个人数据的权利。在信息主体提出删除请求后,信息处理者需对请求进行审查,判断是否存在保留信息的法定例外情形;若无保留必要,信息处理者应依据相关法律采取技术措施予以删除,从而防止个人信息进一步扩散。在这一过程中,信息处

[①] 参见杨立新、赵鑫:《〈个人信息保护法〉规定的本土被遗忘权及其保护》,载《河南财经政法大学学报》2022 年第 1 期。

理者还需厘清是否具有向其他处理者通知删除的义务,以防止信息的链条性传播。删除权作为一种程序性权利,并不能替代被遗忘权的更广泛意义。删除权仅是被遗忘权实现的一种手段,而被遗忘权的设立则更为复杂,涉及个人尊严、信息控制以及社会记忆的调整。

我国现行法尚未确立被遗忘权实为遗憾。从全球范围来看,被遗忘权的立法和实践将继续深化,随着人们对个人信息保护意识的增强,各国政府将更加注重对公民隐私权的保护,通过立法明确被遗忘权的适用范围、行使条件和程序,为信息主体提供更加有力的法律保障。鉴于信息技术的发展和个人隐私保护的日益重要性,我国应当借鉴国际经验,探讨被遗忘权的法律制度构建,以实现个人信息在数字时代的有效保护。

(二)删除权面临的挑战

随着信息技术的迅猛发展,特别是大数据、人工智能与云计算等新兴技术的广泛应用,删除权这一重要的权能面临前所未有的挑战与困境。

首先,《个人信息保护法》第47条列举的第1项要求,"处理目的已实现、无法实现或者为实现处理目的不再必要",但在技术层面上如何界定"处理目的无法实现"或"不再必要"的标准。对于信息处理者而言,大多数信息都是"必要的"且处理目的可以"实现"。此外,信息技术的进步使海量数据的采集、存储与处理变得更加高效,但也使个人信息在网络空间中的传播和存续日益复杂化。在此背景下,信息处理者需要在庞大且多样化的数据库中,甄别、筛选并删除与特定主体相关的过时或不再必要的个人信息,这不仅大幅增加了技术操作的复杂性,也显著提升了其成本和管理负担。

其次,如何确保信息删除的有效性和根本性,成为实现"删除权"的另一难题。从技术角度看,信息在网络中的存储与传播具有广泛性和复杂性。一旦个人信息进入互联网,可能经过多次复制、转发和存储,分布于不同的服务器、平台和数据库中,形成了极为分散且难以追踪的"数据足迹"。因此,单纯依赖信息处理者删除某一数据库中的信息,往往无法保证数据在其他平台或服务器上同步删除。数据备份与冗余机制的普遍存在进一步加剧了这一问题。许多互联网平台和服务提供商为了保障数据的安全性,通常会定期备份用户数据。即便是用户要求删除的个人信息,往往仍可能在备份系统中存留,且这些备份数据分布于不同的服务器,难以追踪和全面清除。

最后,随着全球信息化的深入推进,跨境数据流动愈加频繁,删除权的行使也面临着日益复杂的国际法制环境。各国在个人信息保护方面的法律制度差异显著,尤其在数据处理与隐私保护标准上存在较大分歧,导致删除权在跨国数据流动中的统一行使困难重重。即使信息在某一国家被合法删除,仍可能在另一国家的法律体系下继续保存或使用。这种法律不一致性进一步增加了确保信息删除有效性与根本性的难度。因此,如何在国内建立与全球范围内统一适用的法律框架与技术规范,协调各国之间的数据管理机制,以确保跨境数据的同步删除,是保障删除权行使的关键环节。

鉴于此,笔者认为可以采取以下对策以应对法律挑战:首先,明确信息处理的必要性标准,制定详细评估指南,促进数据保留期限的合理设定。其次,强化信息追踪和管理机制,通过先进的数据管理技术,确保对信息删除的全面性。再次,通过签订国际合约建立国际合作框架,协调各国个人信息保护法律差异,推动跨境数据删除的统一标准。最后,建立独立审计机制,定期评估信息处理者的合规性,并对未能有效删除信息的行为追责。

第六章　个人信息权与人格权编的兼容

人格权编对个人信息保护的规定体现了民法对人格的尊重,同时在私人自治与信息自由两个价值之间作出了平衡。宪法中对公民人身及财产权利的保护,必须通过民法来落实。从民法上完善相应的制度规则,可以更好地实现维护公共秩序的目标。[①] 从比较法角度来看,世界各国都建立了个人隐私与个人信息的私法保护机制,而不是单纯地运用公法保护。因此,现代社会对个人信息采取公私二元体系的保护路径,既要从公法角度规定数据收集者的相应权利与义务,也要从私法上明确个人权利遭受侵害时的私人救济方法。

一、个人信息权适用中的利益衡量

个人权利与数字产业发展之间的冲突衡量往往是司法裁判者面临的难题,大数据时代,个人信息被誉为数字经济的血液,过于严格的权利保护制度将会制约数据的流通与共享,降低市场运转效率。法律应如何平衡个人信息保护与数字经济发展之间关系,是一个艰难的选择。

(一)比较法的经验借鉴

虽然欧盟与美国对个人信息保护的初始认识较为相似,但是经过多年

---

① 参见程啸:《民法典编纂视野下的个人信息保护》,载《中国法学》2019年第4期。

发展后,逐渐形成了不同的立法模式。"欧洲法重在保护人格自由……美国法更多采取消极被动的姿态。"[1]欧盟对个人信息的保护尤为重视,进而将个人数据隐私视为基本权利,成了欧洲法律文化的一部分。而美国法则将个人信息权利纳入隐私权的范围,并采用具体规范模式,也就是创设信息处理行为的具体规范[2]。

1. 欧盟的立法模式

欧盟关于个人信息的立法体系以《通用数据保护条例》(General Data Protection Regulation, GDPR)为核心,该条例自2018年5月25日起生效,成为欧盟成员保护个人信息的主要法律框架。GDPR规范模式更加抽象,具有一般规则与特殊规则,旨在加强和统一对个人信息的保护,并赋予个人更大的控制权。该法规适用于在欧盟境内运营的所有企业和机构,无论数据处理是否发生在欧盟内,只要涉及欧盟居民的个人数据,均需遵守。GDPR的核心原则包括数据最小化、目的限制、数据准确性、存储限制、完整性和保密性等。企业在收集、处理个人数据时,必须确保数据的处理合法、公平和透明,并获得数据主体的明确同意。同时,GDPR赋予数据主体一系列权利,如访问权、纠正权、删除权、数据可携带权以及反对权等。此外,GDPR还设立了严格的数据泄露通报义务,要求企业在发现数据泄露后72小时内通知相关监管机构,并在某些情况下通知受影响的个人。违反GDPR规定的企业将面临严重的经济处罚,罚款金额最高可达全球年营业额的4%。

欧盟的个人信息立法体系不仅体现在GDPR中,还包括《电子隐私指令》(E-Privacy Directive)等其他立法框架,旨在规范数字通信中的个人数据保护问题。目前,欧盟正在推进《电子隐私条例》(E-Privacy Regulation)的立法程序,以进一步强化在电子通信领域的隐私保护。《欧洲基本权利宪章》不仅宣示了人人有权保护个人数据,还确立了个人信息控制规则与公平

---

[1] 万方:《个人信息处理中的"同意"与"同意撤回"》,载《中国法学》2021年第1期。
[2] 参见高富平:《论个人信息处理中的个人权益保护——"个保法"立法定位》,载《学术月刊》2021年第2期。

处理数据原则,等等。这一系列立法措施标志着欧盟在全球个人信息保护领域的领导地位,并对全球企业的个人信息保护实践产生了深远影响。

2. 美国相关立法

美国的个人信息权立法具有显著的分散性和行业特定性,缺乏统一的联邦法律框架。在联邦层面,美国主要依赖一系列针对特定行业和类型数据的法律来保护个人信息。例如,《健康保险可携性与责任法案》(Health Insurance Portability and Accountability Act)专门规范医疗信息的隐私与安全保护,《儿童在线隐私保护法》(Children's Online Privacy Protection Act)则针对13岁以下儿童的在线隐私保护。此外,《公平信用报告法》(Fair Credit Reporting Act)和《金融服务现代化法案》(Gramm-Leach-Bliley Act)分别对信用信息和金融数据的保护提出了具体要求。

在州层面,加利福尼亚州的《加利福尼亚消费者隐私法》(California Consumer Privacy Act,CCPA)和后续的《加利福尼亚隐私权法》(California Privacy Rights Act,CPRA)代表了美国个人信息权保护的最新发展。这些法律赋予加利福尼亚州居民一系列权利,如理解、删除和拒绝销售其个人信息的权利,同时对企业提出了严格的数据处理和透明度要求。CCPA 和 CPRA 的实施标志着州立法在推动美国个人信息保护方面的主导地位,进一步促使其他州考虑或采取类似立法措施。

尽管美国的个人信息权立法在联邦和州层面不断发展,但其整体上缺乏欧盟 GDPR 那样的全面性和一致性。这种分散的立法模式导致美国个人信息保护在不同州和行业之间存在显著差异,也对跨境数据流动和全球企业的合规带来了挑战。随着数据隐私问题在全球范围内的重要性日益增加,美国可能面临对现有立法进行整合或推动更广泛联邦立法的压力,以应对不断变化的全球数据保护环境。

众所周知,美国没有人格权理论,美国个人信息保护的先驱是从信息控制的角度去审视隐私①,它体现为知情权、选择权等,意图让信息主体决定个人信息的使用。知情权被认为是一切个人信息权利的前提,选择权是知情权的一个目的。信息控制论体现了将个人信息权利与隐私权相融合的思想②。换言之,它是从自由主义的角度发育出个人的隐私权利,即个人信息保护与隐私保护是基本相同的③。因此,很多美国学者并不重视个人信息与个人隐私的区别。美国法重视数据的自由流动,提倡以财产规则保护个人信息,因为个人信息在市场中有被交易的需求。当然财产权的主张与信息控制论的观点也并不矛盾,他们认为将个人信息拟作一种商品,通过财产权保障个人对数据企业的协商议价能力,企业只有在协商成功之后才能获取信息并使用④,才能达到保护个人信息的目的。

(二)域外立法差异的原因分析

美国法之所以提倡更加自由的个人信息规范,根本原因是有利于其互联网产业的发展。众所周知,美国的数据产业在世界上可谓独占鳌头,著名金融分析师玛丽·米克尔发布的《2018年互联网趋势报告》(以下简称《报告》)中的一组数据显示:全球市值排名前五的互联网企业均是美国公司⑤。而个人数据的存储量即数据企业竞争时的商业壁垒。易言之,美国公司控制了大量的全球个人数据资源,只有自由的信息分享规则才能加强其互联网产业的主导地位,进而在世界竞争中保持优势。由此我们可以看出,欧盟想要建立严格的个人信息人格制度,而美国则相对宽松地对待个人信息权

---

① See Alan Westin, *Privacy and Freedom*, Atheneum Press, 1967, p. 7.
② 参见倪蕴帷:《隐私权在美国法中的理论演进与概念重构——基于情境脉络完整性理论的分析及其对中国法的启示》,载《政治与法律》2019年第10期。
③ 参见高富平:《论个人信息保护的目的——以个人信息保护法益区分为核心》,载《法商研究》2019年第1期。
④ 参见[美]劳伦斯·莱斯格:《代码:塑造网络空间的法律》,李旭等译,中信出版社2004年版,第197页。
⑤ 参见[美]玛丽·米克尔:《2018年互联网趋势报告》,载腾讯网,https://tech.qq.com/a/20180531/003593.htm#p=1。

利,它们都有各自内在的逻辑。欧盟个人信息权利法带有强烈的地区性色彩,其立法意旨是打压境外互联网企业在欧洲的垄断趋势,限制个人数据流出。

自1960年起,欧盟数据产业就开始被美国主导。20世纪70年代,欧盟委员会曾公布过一组数据:欧洲所用的个人计算机约90%需要依赖美国技术[1]。许多个人数据被美国公司收集,这引发了欧盟的恐惧。于是,欧盟打算通过立法严格地控制个人信息流转。很快欧盟成员方就在政治上达成一致,要塑造限制个人数据跨境转移的法律依据。为了限制数据资源流向第三国家,欧盟在立法方面做出了许多努力,例如1981年的《关于个人数据自动处理过程中的个人保护公约》、1995年的《关于个人数据处理中的个人保护与这些数据自由流动的指令》以及2016年的《一般数据保护条例》等。在《欧盟基本权利宪章》第8条专门规定了个人数据权,使其独立于隐私权而存在,所以个人信息权利在欧盟法中也是宪法所保护的基本权利。如此一来,只要个人信息的保护程度不足基本权利的要求,监管部门就有足够的理由介入执法。而欧盟这些立法的目的只有一个,为行政执法提供正当性,打压美国企业,引导数据产业转向本土发展[2]。

(三)对我国的启示

目前,学界不乏主张我国个人信息保护应趋于欧洲模式的观点,"个人信息保护虽涉及财产,但重心却在人格,这样的想法似乎很有道理,也被国内多数学者支持"[3],但美国法的模式似乎更适合我国国情。个人信息对于数字社会的重要性不言而喻,但权利保护并非没有经济成本,社会发展效率也是国家与社会重点关注的因素。欧洲个人信息人权化的目的是打压美国

---

[1] See CEC, *Communication Concerninga Community Policy for Data Processing*, SEC(73) 4300 Final, 1973: 1.
[2] 参见张金平:《欧盟个人数据权的演进及其启示》,载《法商研究》2019年第5期。
[3] 刘泽刚:《欧盟个人数据保护的"后隐私权"变革》,载《华东政法大学学报》2018年第4期。

高科技公司在欧洲数据处理市场中的垄断地位,进而引导欧洲用户回归本土互联网企业。而我国数据产业已占据世界领先地位,且大多都由本土企业所经营。《报告》中的一组数据表明,2013年全球前20互联网公司的排名分布是美国13家、中国3家,而到了2018年变为美国12家、中国8家。由此可见,当今世界的互联网经济格局已经形成了中美竞争的态势,欧盟已欠缺竞争力。这与欧盟设置法律壁垒进而连累了本土企业成长不无关系。

个人信息的立法还需要考虑其对社会的影响,而不能单纯立足于比较借鉴或者人权至上的法理讨论。偏向分享效率与保持部分人格化的法律路径,更加适合我国的实际情况。欧盟法虽有一定借鉴意义,但也应当保持一定谨慎,如果将个人信息保护泛人格权化,就可能对我国数字经济的发展态势造成伤害。同理,如果对个人隐私信息的保护力度过于宽松,也将会影响个人用户的使用信心,从而影响互联网经济的长期发展环境,所以需要灵活解释运用个人信息的人格权保护规则。我国个人信息立法的主要目标是平衡用户与企业、小企业与大企业之间的矛盾,防止形成垄断与滥用市场地位,甚至还需要鼓励互联网企业的海外发展。

综上所述,个人信息权应当偏向美国的具体规范模式,但这与其抽象化、权利化并不矛盾。抽象的权利在适用时也需要诉诸刑法、民法等具体规则才能得以实现[1],因此如何适用个人信息权尤为关键。

二、个人信息权与民法典人格权编的兼容

前文论及了个人信息权是一种新型人格权,那么这种新型人格权与民法典中的个人信息保护如何兼容,与其他人格权是什么关系,以及个人信息权究竟如何融入当下的民法典中等这些问题必然是理论中所必须讨论的问题。因此,下文就针对这些问题粗略地探讨。

---

[1] 参见[英]彼得·斯坦、约翰·香德:《西方社会的法律价值》,王献平译,中国人民公安大学出版社1989年版,第41页。

(一)个人信息权与"个人信息保护"之间的衔接

人格权法是"权利法",其主要用途是确定权利以及权利的范围,但人格权法中所用的术语是"个人信息保护",由此也可以看出,立法者在避免个人信息保护走向抽象的权利化,个人信息保护最终选择了具体化的模式。从目前《民法典》中的规定,可以归纳为:第一,私密信息的处理规范(第1034条第3款)。第二,知情同意权(第1035条之列举第1项),查阅、复制权,更正权与删除权(第1037条)等个人权利。第三,其他的特殊处理规范,包括了正当必要原则(第1035条)、信息处理者的义务(第1035条之列举第2、3、4项,第1038条)、信息处理者的免责条款(第1036条)与公权力机关的义务(第1039条)。

实际上,具体化的个人信息保护规则与抽象的个人信息权之间并不矛盾。

1.个人信息保护可作为个人信息权的内容。人格权编中的个人信息保护还不能被认为是个人信息权,立法过程中更倾向于它属于一种权益。个人信息保护的权益客体是人格利益,它与个人信息权之客体——人格利益是相同的。从理论上讲,权利法的主要目的是确权,而不是权利救济。但个人信息保护更注重实在的规范。这是因为个人信息保护在立法时是被当作权益的,一方面可以限制个人信息权的扩张范围;另一方面能为眼下的信息处理乱象提供具体规则的支撑,因此个人信息保护多是立足于详细的规范。而个人信息权利是一种抽象的权利,它无法通过文字描述从而表达权利的外延。为了达到权利实现之目的,个人信息权需要借助于具体的规范。而民法典中的个人信息保护就是较为具体的规则,可操作性强。

但个人信息保护并不是个人信息权的全部内容,甚至不是其人格权保护的全部内容。人格权法中的个人信息保护规则所包含了知情同意规则、查阅复制权以及删除权,但总的来说范围与延展性都比较窄,与《个人信息保护法》第四章相比还有许多差距。未来还会有诸多的数据相关立法都在试行中,因此个人信息保护只能视为个人信息权利内容的一部分。

2. 个人信息权是个人信息保护的核心与前提。个人信息权明确了权利的内容、效力以及实施方式,还奠定了个人在信息时代享有基本尊严和自主权的法律基础。尽管个人信息保护能够在具体情境下为受侵害者提供救济,但它无法从根本上界定个人信息权的内涵与边界。相比之下,人格权涵盖了较为复杂和多样的内容[①],如隐私权、肖像权等,而个人信息保护与各项权利并列,难以完全回应这些权利之间的相互关系及区别。这种区分需要通过明确的权利确认和立法规定加以厘清与保障,从而确保个人信息权在法律体系中的独立性与有效性。

在此背景下,明确个人信息权的法律地位和具体内容不仅有助于厘清其与隐私权、肖像权等其他人格权利的界限,还能够为司法实践中的权利行使提供清晰的法律依据。只有通过确权性立法,才能有效回应数字时代下个人信息权面临的新挑战,确保在信息经济不断发展的过程中,个人信息权利得到充分尊重和保护。这种立法明确性不仅强化了个人信息权的法律效力,也为个体在信息社会中的权利保障奠定了坚实的法律基础。

3. 个人信息保护是个人信息权最基本的规则。这一规则不仅直接影响个体在数字化环境中的隐私与自主权保障,更是维护个体尊严和人格权益的关键所在。在法律实践中,尤其是在涉及基于人格权请求权的个人信息纠纷时,人格权编中的规范应当被视为裁判者的核心依据。因为人格权编是法定人格权的根本性规范,承载着维护个体人格尊严和权利的基本功能。因此,裁判者在处理个人信息权相关案件时,首先应依托人格权编的原则和规范,确保判决与人格权的核心价值保持一致。

当特别法对个人信息作出具体规定时,裁判者可以适用特别法的规定,但这一适用必须符合个人信息保护的原则与宗旨。特别法的规定应被视为对人格权编的具体化与细化,其内容和适用必须符合人格权编的基本精神,

---

① 参见王利明、程啸:《中国民法典释评·人格权编》,中国人民大学出版社2020年版,第21页。

起到补充和完善的作用,不能与人格权编的根本规范相背离。否则,将可能引发法律适用上的冲突,削弱人格权保护的整体性和系统性。

(二)个人信息权与隐私权的界分

个人信息权与隐私权之间的关系亦是研究中的热点话题。隐私权起源于 1890 年沃伦与布兰迪斯共同发表的文章《论隐私权》[1]。当时美国的新闻业迅速发展,几十年时间报纸发行量增长了 10 倍。但黄色新闻猖狂,报纸等大众媒体为了吸引读者,大肆报道私人生活的绯闻。恰逢照相技术的诞生,媒体却将其利用在迎合观众的"窥探欲"之中,图文并茂地渲染他人隐私。科技的进步造成了公众的人格尊严被侵蚀,因此该文一经发表便引起了美国法律界的共鸣。所以我们可以发现,与个人信息权相类似的是,隐私权的诞生也与科技的进步有关。换言之,隐私权与个人信息权都是应对科技侵犯人格而诞生的。

欧洲法对隐私权持一种较为保守的态度,但对于个人信息权利却表现出较强的一致性,大有以个人信息权利取代隐私权的趋势。隐私权最早在美国诞生,被定义为私人生活的安宁[2]。在此以后很长一段时间,隐私权都未在欧洲大陆上确立其具体的地位。美国隐私权虽然是在英国判例基础上提出的,但英国法一直未承认一般隐私权的地位。德国民法上没有所谓隐私权的概念,但在学说上提出了领域理论(Sphärentheorie),通过一般人格权来保护个人领域。

虽然学界不乏个人信息权利与隐私权相关的研究,但若想分割隐私权与个人信息权利却并不容易。1978 年,欧盟成员方与美国、加拿大、日本等国家成立了跨境数据专家组,在商讨隐私权与个人数据的跨境转移立法时,

---

[1] See Samuel D. Warren & Louis D. Brandeis, *The Right to Privacy*, Harvard Law Review, Vol. 12, p. 193-220(1890).

[2] See Samuel D. Warren & Louis D. Brandeis, *The Right to Privacy*, Harvard Law Review, Vol. 12, p. 205(1890).

曾试图确立隐私权或者个人数据权利的概念,但最终并未达成一致。① 在比较法上,自隐私权与个人信息权利诞生以来,二者的含义、范围等概念界限从未厘清,一直是理论与实践中的难题。域外私法多未直接界定隐私权,它往往在一般人格权或侵权行为的判例学说中得以体现,②而针对个人信息的立法更为繁杂,其具体内容也存在争议。实际上,欧盟与美国在立法时也未曾打算精确两者范畴。欧洲制定了第一部系统的、独立的《个人信息保护法》,也仍难摆脱将"隐私"作为个人信息保护中的基本价值;而美国法则将个人信息权利纳入隐私权的范围,形成开放性的隐私权。

1. 私密信息与隐私权

《民法典》人格权编将个人信息分为一般个人信息与私密信息,并明确了私密信息优先适用隐私权的规定,一般个人信息适用其他的个人信息保护的规定。这就存在了一个需要解释的问题,即私密信息的保护与隐私权是什么关系。

有观点认为,个人信息与个人隐私并非包含与被包含的关系,而是呈交叉关系,两者既有重合的部分又有相互独立的部分③,私密信息可能就是这个交叉的部分。又有一种当然的解释,《民法典》第 1032 条明确规定了私密信息属于个人隐私,因此私密信息是否当然地属于隐私权?笔者认为,私密信息应属于个人信息,并不是隐私权。理由有两点:

(1)虽然私密信息属于个人隐私,但侵犯个人隐私不等同于损害了其隐私权,不能当然地将所有侵犯隐私的行为都理解为侵害隐私权。例如,刺探个人隐私必须造成一定的不良影响,正常生活中打探他人隐私不能构成侵犯隐私权。

---

① 参见张金平:《欧盟个人数据权的演进及其启示》,载《法商研究》2019 年第 5 期。
② 参见王泽鉴:《人格权法:法释义学、比较法、案例研究》,北京大学出版社 2013 年版,第 182~203 页。
③ 参见张新宝:《从隐私到个人信息:利益再衡量的理论与制度安排》,载《中国法学》2015 年第 3 期。

(2)《民法典》第1033条规定,处理他人的私密信息属于侵害他人的隐私权。结合《个人信息保护法》的相关规定,侵害私密信息如要转化为侵害隐私权需另外满足三个条件:其一,法律明确授权或者权利人的单独同意。其二,具备充分的必要性与目的。其三,必须具有处理的目的与行为。所谓"处理"源于欧盟《一般数据保护条例》,是指对个人信息的收集、储存、加工、传输、公开等行为①。它默许了信息处理者对于私人隐私的打探、询问或者知晓等行为,但如果信息处理者获取他人隐私信息后而没有处理行为,则构成了对他人隐私权的侵犯。因此,就私密信息而言,虽优先适用隐私权规则但不属于隐私权。

2. 个人信息权与隐私权

个人信息权与隐私权的界分可以参照个人信息保护规则与隐私权的界分理念。实际上,民法典人格权编一审稿、二审稿、三审稿直至最终颁布,立法者都将隐私权与个人信息保护共同放置于民法典人格权编第六章之中。这种体例上的编排无疑体现了隐私权与个人信息保护的密切关系,映射了在立法者心中,二者不能分割单独成编。当然个人信息保护与个人隐私之间存在诸多交叉、重叠,侵犯个人信息权可能同时也侵犯了个体的隐私权,而侵犯了个人隐私可能是源于非法收集个人数据。然而它们的区别可以体现在以下两个方面:

一是隐私权侧重排他,一般的个人信息权侧重分享。一直以来,隐私权的具体内容都是立法中的争议焦点。纵观美国隐私权的发展状况,隐私权成为一种宽泛的概念,足以包含姓名、肖像等人格权利益。除了理论上的"私人空间不受干扰的权利",甚至包括了婚恋自决权(包含同性恋),生育自决权等权利。我国有关隐私权内容的研究则相对保守,较早的研究认为隐私权是一种排斥他人对自己私生活干涉的权利②;也有学者认为,隐私权是

---

① 参见程啸:《我国〈民法典〉个人信息保护制度的创新与发展》,载《财经法学》2020年第4期。

② 参见佟柔主编:《中国民法》,法律出版社1990年版,第487页。

防止他人公布自己秘密的权利①;还有学者认为,隐私权是维护自身生活安宁,排除他人非法打扰的权利②,强调了以维护生活的安宁为目的。以现在的研究看来这些观点略微狭窄,但它们在一开始就防止了我国隐私权没有像美国一样过于宽泛。有学者主张,隐私权应当包含内在与外在两方面内容:外在方面是指客观上的财产住宅等物理的"独处状态"免受入侵;内在方面是指现代科技所造成的人与人之间精神上的"距离"之破坏,又被称为"心理独处状态"。③ 这些观点具有一个共识,即隐私权具有排他性,禁止第三人介入私人领域。但个人信息权则更加开放,可以不经过本人同意而被他人处理。

二是隐私权对不特定的第三人表现出一元的排他性,而一般的个人信息权需要分为二元模式。对于没有处理权的第三人,个人信息权可以像隐私权一样表现出排他性。而对于有处理权的第三人,包括个人或群体日常之收集、处理行为,甚至公权力机关的职权行为,则无法完全地排斥。如新修订的《政府信息公开条例》第32条明确规定,第三方不同意公开其信息的需要有"合理"理由,明显不同于个人信息保护中的知情同意规则④。因为,现代信息保护法的思想源于公平信息实践原则⑤,它所管束的是不平等的信息关系。当下个人信息保护的相关法律大多包含了此原则,例如,欧盟《一般数据保护条例》规定"自然人在个人或家庭活动中的个人数据处理"与"预防、侦查刑事犯罪或执行刑事处罚……的个人数据处理行为"不适用于此条例。美国虽然奉行"大隐私"的主张,个人信息权利被视为信息隐私,但其信息隐私和隐私权也存在适用主体上的差异,与欧盟法的思想也比较类似。

---

① 参见王冠:《论人格权》(上),载《政法论坛》1991年第3期。
② 参见张新宝:《隐私权的法律保护》,群众出版社1997年版,第21页。
③ 参见高圣平:《比较法视野下人格权的发展——以美国隐私权为例》,载《比较法研究》2012年第1期。
④ 参见徐丽枝:《涉隐私政府信息公开中的"第三方同意"》,载《齐鲁学刊》2019年第5期。
⑤ 参见丁晓东:《论个人信息法律保护的思想渊源与基本原理:基于"公平信息实践"的分析》,载《现代法学》2019年第3期。

我国《民法典》第1039条规定公权力机关对其在履行职能时所获悉的个人信息具有保密义务,这就相当于将国家机关依职权获取个人信息的行为排除在外,在一定程度上也体现了这一原则。

(三)个人信息权与肖像权的界分

个人信息权与肖像权作为重要的人格权分支,具有独特的法律地位和功能。个人信息权是指个体对自身信息享有的控制、使用和保护的权利。此权利涵盖了对个人数据的收集、存储、处理和传输等方面的合法性要求,旨在维护个体在信息社会中的自主权与隐私权。个人信息权的核心在于防止未经授权的个人信息使用,确保信息主体对其数据流转过程中的知情权与选择权。肖像权是指个体对自身形象享有的独占性权利,涉及对肖像的拍摄、复制、公开和使用等方面的控制权。肖像权不仅保护个体的外在形象免受不当使用,还涵盖了个人名誉、尊严和社会评价的维护。肖像权的核心在于防止他人未经许可使用或传播个人肖像,确保个体对自身形象的控制权和选择权。与个人信息权相类似的是,肖像权中所谓的载体,就包括了个人信息。也就是说,个人信息所包含的人格利益中就包含了肖像权。同时,肖像权也是一种许可使用权。虽然个人信息权与肖像权有着一些关联,但二者的区别也是很明显的。

1.客体不同。肖像权的客体是肖像利益[1],它是围绕着个人的肖像所展开的权利。而个人信息权虽然也代表了人格利益,但它是围绕着信息处理过程中的人格利益所展开的。静态的个人信息如果表现为肖像利益,则应当属于肖像权。而个人信息处理过程中的肖像利益还应当区分具体情形,如果是以肖像为核心的、经过本人同意的信息处理行为,其伤害到的法益主要是肖像利益,则也可以归为肖像权。如 AI 换脸软件中的肖像,其主要依赖于个人肖像许可使用而运行,没有其他的处理目的,应视为肖像权。如果是

---

[1] 参见王利明、程啸:《中国民法典释评·人格权编》,中国人民大学出版社2020年版,第281页。

法律所允许的、被动抓取的肖像，则应视为个人信息权。如宾馆、学校等区域的摄像头所拍摄的个人肖像，是为了公共区域的安全考虑，不能视为对个人肖像权的侵害。只能看对于信息的收集是否违反了正当必要原则，有没有采用对个人权利影响最小的方式收集信息。

2. 内容不同。虽然肖像权也存在许可使用权，但其与个人信息权中的知情权、同意权不一样。肖像权的许可使用主要是为了获取一定的经济利益，用于某些商业活动。而个人分享其个人信息的目的，并不是获取经济利益。个人信息权中的知情权、同意权主要是体现了个人对自身人格的自我决定。尽管在一些情况下个人分享其信息可以获取某些小奖励，但这也不能理解为个人是为了商业目的而分享自身信息的。肖像权中的许可使用权也重在保护静态的肖像，即这种肖像能够轻易地被识别为某个人的肖像。而个人信息权重在动态中的人格利益保护，即需要有信息处理的行为。一旦将某人的肖像通过代码等手段处理后，一般人难以识别，就不是传统意义上的肖像权。

3. 保护范围不同。个人信息权主要受到专门的个人信息保护立法的规范，如《个人信息保护法》《数据安全法》等。这些法律为个人信息权的保护提供了全面的法律框架和明确的执行机制。肖像权则主要依靠《民法典》人格权编中规定，侵权责任编也有部分补充。肖像权的法律规定通常集中在防止他人侵犯个人形象的权益上，强调对个体尊严和社会评价的维护。

个人信息权的保护范围广泛涵盖了个体所有的私人信息，不限于具备视觉表现形式的信息。这些数据包括但不限于姓名、住址、联系方式、身份识别号码、财务信息、健康记录以及其他能够直接或间接识别个体身份的个人信息。随着信息技术的飞速发展，尤其是在大数据分析和人工智能技术广泛应用的背景下，个人信息权的保护对象范围也在不断扩展，呈现更为复杂和多元的特征。例如，生物识别信息（如指纹、面部识别数据、虹膜扫描等）和行为轨迹数据（如位置信息、在线浏览记录等）已成为个人信息权保护的重点领域。相较之下，肖像权的保护范围相对较为狭窄，传统上主要集中于对个人外在形象的保护,包括照片、视频、绘画等可视化形象。肖像权的核心在于防止未经许可的肖像使用和传播,以维护个体的名誉、尊严以及社会评价。然而,随着数字技术的迅猛发展,尤其是在深度伪造技术(Deepfake)的推动下,肖像权的保护范围正在逐步扩展。深度伪造技术可以通过人工智能生成或篡改个体的虚拟形象,使数字化形象的侵权行为变得更加隐蔽和复杂。因此,现代肖像权的保护不仅涵盖了传统的视觉形象,还延伸至虚拟形象和数字化形象,特别是在虚拟现实、增强现实和数字化媒体广泛应用的背景下,这些新兴形象形式同样需要纳入法律保护的范畴。

三、个人信息权的适用路径

人格权编中规定了两种权利救济的路径,即人格权请求权与人格权禁令。

(一)人格权请求权

人格权请求权的法条基础是《民法典》第 995 条,有学者认为该条第 2 句话,即 6 种民事责任请求权不适用诉讼时效,是对人格权请求权的实质确认。[1] 笔者认为,《民法典》在人格权编中明确提及了"请求权"这个术语,是相当于对人格权请求权的认可。但还存在一个需要讨论情形,即人格权请求权是否需要考虑行为人的过错。该学者认为人格权请求权在性质上属于绝对权请求权,它的目的是让受害人的人格权恢复到未受损害的状态,不以行为人具有过错为要件。[2] 例如,消除危险的目的是消除危险的行为,而不考虑行为人主观过错。究其原因,第一,人格权请求权大多具有主动防御功能,行为人不仅可以主张事后救济,但更加侧重于主动防范。因为人格一旦

---

[1] 参见王利明、程啸:《中国民法典释评·人格权编》,中国人民大学出版社 2020 年版,第 80 页。
[2] 参见王利明:《论人格权请求权与侵权损害赔偿请求权的分离》,载《中国法学》2019 年第 1 期。

遭受损害,有可能无法恢复到原来的状态。因此,人格权请求权必须带有主动防范的功能,当行为人妨碍了他人人格自由但不构成侵权时,权利人就可以发挥人格权的防御功能。第二,在人格权遭受损害时,被害人难以证明遭受损失的具体额度,损害赔偿请求权的举证就会遭遇困境。所以,人格权请求权可以不要求当事人遭受实际损害。在德国法中,排除妨害也只需要证明侵害人格利益的行为存在,而不需要证明主观过错。我国原《侵权责任法》中的过错原则,也很难用于经济损害赔偿之外的人格权救济方式。人格权请求权如何适用于个人信息权成为关键问题。

《民法典》第998条明确规定除生命权、身体权与健康权之外的人格权民事责任都要结合具体的情形而论,其中就包括行为人与受害人的"过错程度"。换言之,民法典更侧重于人格利益的利害程度,而不是理论中请求权的差异。直接损害人身利益的行为才不考虑过错,损害人格利益的行为需要考虑具体情形。说明民法典是更加注重实际效果的。因此,个人信息权的适用亦需要考虑具体情形。

笔者认为,个人信息权在适用人格权请求权时可以不考虑损害额度,因个人信息的价值较低,计算额度没有太大的实际意义。也不必考虑其过错程度,许多收集个人信息的行为实际上并没有过错。例如,行为人为了自身安全的考量,在自家门口安装摄像头,但同时拍摄到邻居家门前的情形,就难言过错。判断请求权合理性的要素,可以参考个人信息法的正当合理原则。当侵权行为有正当目的时,如在公共场所安装摄像头可能侵害到了他人隐私,但行为人是基于公共利益的考量,主观上并没有过错,就不能认定其侵权。当然,为了公共利益而收集个人信息,也应遵循必要合理限度。反之,缺乏正当目的、超越必要限度的行为,即可适用人格权请求权。

(二)人格权禁令

《民法典》第997条创设了侵害人格权的诉前禁令制度,它属于独立的非讼程序,是一种快捷高效的程序性措施。人格权禁令本就是一个全新的制度,且比较法上也没有可以借鉴的经验①,目前还尚未确定适用条件,所以个人信息权能否适用人格权禁令还存在很多争议,笔者的看法是肯定的。人格权禁令不能适用于权益。第997条的表述存在一些歧义,"有证据证明行为人正在实施或者即将实施侵害其人格权的违法行为,不及时制止将使其合法权益受到难以弥补的损害的",前半句意为"侵害人格权"的行为,而后半句却表述为"合法权益"受到损害。虽然条文的语义不够明确,但人格权禁令可能难以适用于当下作为"权益"的个人信息保护。个人信息保护被视为一种权益是为了平衡处理者与信息主体的矛盾,人格权禁令虽然不属于实体法中的请求权,但它具有较强的预防功能,这与当下个人信息保护的立法主旨不符。但个人信息权作为一种抽象的新型人格权,其在性质上已经不再是作为"权益"的个人保护,而是应当与身份权、健康权、隐私权等并列的实体法权利,在理论上可以适用于人格权禁令。接下来的问题是如何具体适用,笔者认为应注意以下几点:

1. 如何理解"即将实施"的个人信息侵害行为。对于即将实施的行为进行制止,类似于刑法中的正当防卫、紧急避险。但正当防卫与紧急避险都是个人可以立即实施的行为,而人格权禁令仍需要通过诉讼程序,即使具有高效快捷的特点,也无法做到立刻制止。那么,"即将实施"就可能变成"正在实施"。对此笔者认为,对于人格权禁令裁判者应当充分考虑现实紧迫性,诉前禁令只是一种临时措施,它不等同于诉讼终局,权利人仍然需要提起诉讼才能实现权利救济。因此,不必考虑过多的要素,对于足够紧迫的行为,就应当立即作出决断。如权利人得知,单位即将实施收集信息的行为,权利人难以阻止,即可以申请法院的人格权禁令,阻止用人单位的收集行为。

2. 需要审查个人信息权人格权禁令的胜诉可能性。主流观点认为申请禁令的人需要有较大的胜诉可能,需要达到"高度盖然性"的证明标准②。但也需要根据不同的权利作出判断,例如,生命权、健康权等标准应当从宽;名

---

① 参见程啸:《论我国民法典中的人格权禁令制度》,载《比较法研究》2021年第3期。
② 参见王利明:《论侵害人格权的诉前禁令制度》,载《财经法学》2019年第4期。

誉权、隐私权标准应当更加严。① 但有学者认为，人格权禁令不应当考虑胜诉的概率。其理由主要有：其一，当权利人取得禁令后，则侵权的行为就被制止了，就不会造成损害结果，权利人有可能选择不起诉。其二，《民法典》已经对人格权禁令的要件做出了规定，只要符合这些要件就应当颁布禁令，不应过多地附加要件。其三，胜诉的概率难以计算。②

笔者认为，对于胜诉可能性的判断是必要的。理由有以下几点：其一，颁布了禁令后权利人也应当起诉，否则法院可能会撤销这个禁令。例如，权利人申请人格权禁令防止某网站披露其隐私信息，则法院颁布的禁令也应当要遵循比例原则，在最小的范围内损害第三人的利益，也就是暂缓披露该信息。而一旦权利人不进行诉讼，则过了期限后该网站仍可以披露此信息。其二，法院针对《民法典》所规定要件之审查，实际上等于对胜诉可能性的审查。如证明"侵害人格权的违法行为""难以弥补的损害"，一旦这些证明能够成立，在事实上权利人的胜诉可能性也比较高。所以，人格权禁令的要件与胜诉概率也是相关的。其三，胜诉的概率的确难以计算，因为人格权禁令可能是亟须作出的行为。例如，次日权利人的个人信息可能要遭受损害，今日权利人向法院进行申请。而此时裁判者难以向行为人调查取证，只能听从权利人的一面之词，的确是难以判断是否属于高度盖然性。因此，对于胜诉可能性的判断是必要的，但无法要求达到高度盖然性的标准，只要该禁令可以符合比例原则，达到50%的胜率也应当是可行的。

3. 个人信息权人格权禁令不需要提供财产担保。《民事诉讼法》中的诉前财产保全制度也类似于一种诉前禁令制度。为了防止权利人滥用诉前禁令，法律规定权利人申请禁令时需要提供担保（第101条），并且错误的申请诉前禁令需要赔偿（第105条）。个人信息权可能无法像财产权益一样量化，错误的申请诉前禁令对于信息处理者的损害难以计算。只有达到一定

---

① 参见王泽鉴：《人格权法》，北京大学出版社2013年版，第390页。
② 参见程啸：《论我国民法典中的人格权禁令制度》，载《比较法研究》2021年第3期。

规模的个人信息才具有财产价值,单一的个人信息难以用金钱衡量,信息处理者遭受的损害可以忽略不计。

综上所述,个人信息权诉前禁令制度的关键在于对胜诉可能性的判断。人格权法的现实路径主要有两种,即人格权请求权与人格权禁令。个人信息权的人格权请求权之适用仍然需要考虑侵权人的主观过错。人格权禁令是一种全新的制度,目前还存在许多争议。笔者认为,人格权禁令需要设定时效性,权利人没有在规定的时间诉讼,禁令就不再对第三人生效。人格权禁令只能适用于权利的保护,而不能适用于权益。同时,在申请人格权禁令时,法官需要衡量胜诉的可能性,需要达到较大的胜诉概率。

第七章　个人信息权的侵权法保护

而正如庞德所言,法律的生命在于实施,无法实施的法律可能会成为一纸空文。人格权法属于权利法,而侵权责任法属于救济法。也就是说人格权编用来确定人格权的类型与内容,而救济法主要针对权利遭受侵害的救济方式。① 所以,侵权法更注重实际的法律。

一、侵权法保护与人格权法保护的差异性

个人信息权属于人格权,但不代表对于个人信息权的侵害只能依赖于人格权法的保护,侵权责任法也可以救济人格权。于是就出现了侵权责任法与人格权法的分工配合问题。我国侵权法采取的是"大侵权模式",即人格权、物权、债权、知识产权等基本民事权利都受到侵权法的保护。问题的关键就变成了两种请求权究竟有何不同？人格权请求权与侵权责任请求权互相分离,不仅是人格权编独立的基本意义,也是对侵权法的功能细化。

(一) 两种请求权的要件差别

请求权是权利实现的基础,侵权责任请求权是一种独立的请求权在学界已经基本没有异议,人格权请求权有《民法典》第 995 条作为支撑。因此,需要讨论这两种请求权有何差别。

---

① 参见王利明:《论人格权编与侵权责任编的区分与衔接》,载《比较法研究》2018 年第 2 期。

1. 侵权责任请求权需要考虑主观过错。侵权责任以过错责任为原则,其他的特殊侵权责任需要由法律另行规定。而人格权请求权以恢复人格的圆满状态为目的,一般不要求行为人具有主观上的过错。例如,瑞士法学家认为排除妨碍的目的就是排除行为人的妨碍行为,无论行为人是否存在过错。[1] 包括比较法中,德国与法国的司法经验也都表明了侵害人格利益无须证明主观过错。[2] 由此可见,权利人是否需要证明"过错"是二者的区别之一。

2. 侵权责任请求权不具有预防功能。一般来说,承担侵权责任的主要方式是损害赔偿,它属于一种事后的救济方式,所以侵权法被称为救济法。而人格权一旦遭到侵害可能无法恢复到圆满的状态,例如,隐私已经被他人所知晓,则无法消除这样的负面影响。因此,人格权请求权中的排除妨害、消除危险等方式都具有预防性的功能。例如,在他人门前安装摄像头,虽然该摄像头并不一定拍摄到了个人隐私,并未对权利人的隐私造成侵害,但权利人一样可以通过诉讼要求撤除该摄像头,达到了人格权免受侵害的可能。因此,人格权请求权更重视防患于未然。

3. 侵权责任请求权要求有实际侵权。正是因为侵权责任法以救济为主要目的,所以它要求发生了相当程度的损害结果,甚至未达一定程度的损害都不能被救济。而人格权请求权具有预防人格遭受损害的功能,因此它不以人格遭受了实际损害为要素,否则也不能称为预防。而且,由于人格是一个抽象的概念,权利人对于自身人格遭受损害的举证十分困难,它更依赖于一般的社会经验进行判断。所以,人格权请求权不要求有实际的侵权损害。但侵权责任请求权必须要求有实际侵权损害,否则将无法计算损害金额,难以赔偿损失。

4. 侵权责任请求权受到诉讼时效的限制。通说认为,侵权赔偿属于债务关系,它应当受到债务偿还之诉讼时效的限制。而人格权请求权不受诉

---

[1] 参见石佳友:《人格权立法的历史演进及其趋势》,载《中国政法大学学报》2018年第4期。
[2] 参见王利明:《论人格权请求权与侵权损害赔偿请求权的分离》,载《中国法学》2019年第1期。

讼时效的限制已经由《民法典》第 995 条所明文规定。值得一提的是,在民法典一审稿中曾经明确提出侵害人格权益的损害赔偿受到诉讼时效限制。而关于损害赔偿是否属于人格权请求权将在下文详细讨论。

(二) 两种请求权的责任方式差别

经过上文的简要介绍我们对于通说中的人格权请求权有了一个大致了解,在此基础之上才能引出下文所讨论的问题。由于《民法典》第 995 条所明确规定的人格权请求权是"6+N"模式,且都不受诉讼时效的影响。所谓的"6"是法条所明确规定的 6 种方式,①而所谓"N"是指第 995 条前半句中的"受害人有权依照本法和其他法律的规定请求行为人承担民事责任"。于是,这里就产生了一些理论上的争议:

1. 损害赔偿是侵权法的特有方式。《民法典》第 179 条规定了 11 种主要的民事责任方式,其中包含了"赔偿损失"。那么赔偿损失是否属于"N"中的一种呢?王利明教授认为赔偿损失也属于人格权请求权。② 而且,在民法典一审稿中第 778 条曾经明确规定了赔偿损失与以上 6 种责任并列。也就是说,一审稿中规定了 7 种人格权请求权。王利明教授赞同目前的"大侵权模式",但他认为侵权责任请求权与人格权的请求权应当有所不同,即前者是保护一般的人格权益,而后者应作为特别规定。也就是说,人格权请求权中的损害赔偿与侵权责任请求权的损害赔偿是存在不同的,具体的要件参照上文论述。这里也存有不同的声音,杨立新教授认为无论是人身、精神损害赔偿还是因人格权造成的财产损害赔偿都应当属于侵权责任请求权。③

本书更加倾向于后一种观点,主要原因是人格权请求权的要件较侵权

---

① 即停止侵害、排除妨碍、消除危险、消除影响、恢复名誉、赔礼道歉。
② 参见王利明:《论人格权请求权与侵权损害赔偿请求权的分离》,载《中国法学》2019 年第 1 期。
③ 参见杨立新:《民法典对侵权责任保护范围的准确界定——对〈民法典〉第 1164 条含义理解的进一步厘清》,载《兰州大学学报(社会科学版)》2021 年第 1 期。

责任来说十分宽松，既不要求过错也不要求实际损害。如此，关于侵害个人信息权的损害赔偿案件就可能会全部倒向人格权请求权之诉，这对于实体经济的损害可能是难以估量的。目前，学界对于人格权的损害赔偿与侵权责任的损害赔偿之区分的相关研究十分薄弱。在实践中，对裁判者而言区分这两种损害赔偿也会是一种非常困难的论证。因此，损害赔偿可以暂由侵权责任编处置，其他的责任方式可适用于人格权请求权的要件。

有观点认为，如果将个人信息权益归为民事权益，就必须突破传统的民法理论，以不平等的民事关系看待个人信息保护。[1] 笔者认为，传统民法理论也可以解释这种关系。诚然，在现实中个人相较于信息处理者的确处于劣势地位，但并不能因此认为个人信息权所调整的对象不属于民法中的"平等主体"。综观民法调整主体的思想渊源，佟柔先生所理解的"平等主体"是"以商品经济关系为核心"[2]，易言之，以平等关系为调整对象实际上是公私法的区分，即彼此不形成命令与服从的关系被称为私关系[3]。《民法典》虽未明确规定信息处理者的范围，但论及处于优势地位的信息者大多指的是公权力机关与企业。根据传统民法理论，公权力机关以公权力担当人的角色出现时即公法关系，本就不属于平等主体的范围。企业与个人之间的地位失衡也不能认定为是命令与服从的关系，在事实中的不平等仍未跳出私关系的范围，所以不能就此理由将个人信息保护视为不平等民事主体之规范。综上所述，个人信息权益在本质上所针对的对象多为不平等的商业关系。

2. "6"是人格权请求权的责任方式。有学者认为，只有停止侵害、排除妨害与消除危险这三项属于人格权请求权的责任方式，而赔礼道歉、消除影响与恢复名誉应当属于侵权责任请求权的责任方式。原因有三点：其一，前者能够更好地发挥预防功能。由于前者是侧重于针对未发生或者正在发生

---

[1] 参见丁晓东：《个人信息权利的反思与重塑——论个人信息保护的适用前提与法益基础》，载《中外法学》2020年第2期。

[2] 佟柔：《中国民法学·民法总则》，中国人民公安大学出版社1990年版，第8页。

[3] 参见朱庆育：《民法总论》（第2版），北京大学出版社2016年版，第11页。

的侵权行为,而后者是更加侧重于侵权行为发生后的救济。因此,前者更适合人格权法的预防功能。其二,与人格权禁令更加契合。《民法典》第997条的人格权禁令,明确要求侵害行为将要发生或者正在发生,只有前者的三种方式才符合这个要件,而后者的三种方式是侵权结果已经发生,权利人应当通过诉讼程序救济,而不是非讼程序。其三,比较法中赔礼道歉属于人格权的损害赔偿方法。①

笔者认为,相较于侵权责任请求权而言,人格权请求权的核心优势是权利人对责任要件的证明更轻松,对于主观过错与损害结果的证明后者要求较为松弛。所以,一旦将赔礼道歉、消除影响与恢复名誉归为侵权责任方式,就意味着这种请求权的证明要件就会大大提高。但人格权的侵权案件其主观过错与损害结果往往难以证明,例如,新闻舆论的报道对当事人造成了名誉的损害,这是不可避免的。但即使舆论也没有主观上的过错,如果是过度地使用了监督权也将属于一种侵权行为,也需要对权利人的损失进行赔偿,并不是不需要赔礼道歉与消除影响。因此,本书倾向于这 6 种方式都属于人格权请求权之责任方式。

(三)侵权法与人格权法的适用范围

民法是否应对不同的个人信息采取区别的保护方式,还存在一些不同的看法。有学者通过对以往的司法解释的对比认为个人信息权受到侵权法的全面保护,②这种看法从理论上讲是完全站得住脚的。但如此一来也会得出一个结论,侵权法的保护范围必然与人格权法存在重合,众所周知,人格权请求权的要件与侵权要件不同,人格权请求权之要件要比侵权责任要件宽松,那么给实践中带来的问题就可能转变为如何区分适用这两种权利。因此,可以解决一切问题的方法,可能什么问题都无法解决。侵权责任法虽然理论上可以适用于一切个人信息,但在实践中没有如此做的必要性,反而

---

① 参见程啸:《我国民法典中的人格权请求权》,载《人民法院报》2020 年 10 月 22 日,第 5 版。
② 参见叶名怡:《个人信息的侵权法保护》,载《法学研究》2018 年第 4 期。

会给裁判者带来相同的困惑。因此,需要以请求权作为基础进行区分。

从法教义学上分析,《民法典》第111条规定个人信息受民法保护,这里并没有区分人格权请求权与侵权责任请求权。但侵权责任编与人格权编都属于《民法典》的范围,于是无论个人信息的适用是否有所区别都不会影响第111条的语义。《民法典》第1034条将私密信息的保护二分为人格权(隐私权)的规定与个人信息保护的规定,这里可以看出《民法典》有意区分一般的个人信息保护与人格权规则。此外必须指出的是,法律上的二分保护并不意味着影响权利的性质,即个人信息权仍然是新型人格权。并非所有的人格权之内容都必须由人格权法进行规范,如名誉权、身体权等都是被多部法律所保护的对象。提出二分法的保护仅仅是为了更精确地保护个人人格与利益。

具体而言,基于人格权请求权而提起的诉讼由人格权法规范,大致可以分为两类:第一,处理私密信息的纠纷。由于个人信息的概念十分宽泛,有的信息对个人而言十分敏感,它是个人不愿意主动分享的利益,类似于德国隐私权理论中的内部领域,如个人的银行存款余额、面部信息,但基于社会的发展与管理或者信赖利益不得不与"少数人"所分享,可以通过人格权法保护。第二,部分处理一般信息的纠纷。有的信息对于个人而言不如前者敏感,个人可能愿意主动分享或者不如前者敏感的信息,类似于外部领域,如个人的身高体型等,是通过合作协议可以正当获取的信息,或者是个人必须作出一定让渡的领域。但由于人格权法已有明文规定,所以违反了这些规定的行为都是人格权请求权的针对对象。这两类诉讼只能基于以上分析的"6"种民事责任提起人格权诉讼。

以侵权责任请求权为基础的诉讼也大致分为两类:第一类是侵权损害赔偿纠纷。由于损害赔偿更加贴近于对权利的救济,而不是对人格尊严的恢复。加上,个人信息权不是强调支配性与绝对性的权利,如果赔偿诉讼的侵权要件标准过于松弛的话,会对信息处理者过于不利。第二类是人格权法未有规定的一般个人信息纠纷。人格权法是人格权纠纷中的特别法,需优先适用。侵权责任法属于兜底的法律,适用于所有一般性的个人信息权之纠纷。笔者大胆地提出个人信息权在民法中的二分化并非无根之木。

二、个人信息权在侵权法中的适用困境与完善

毋庸置疑,民事权利受侵权责任法的保护,而侵权责任编中并没有详细地规定个人信息保护规则,只能根据其"一般规定"进行裁判。但一般规定过于纲领化,《民法典》也缺乏对个人信息权益的规定,总体的立法效果并不理想。自2017年原《民法总则》个人信息保护原则生效以来,侵犯个人信息的民事案件较少,这与个人信息民事纠纷维权成本高、因果关系证明困难、赔偿数额低有关[1]。自《个人信息保护法》颁布后,《民法典》也存在与《个人信息保护法》的衔接适用问题,因为《个人信息保护法》既是新法也是特别法,适用顺位较高。

(一)侵权责任的证明

将侵害个人信息理解为一般侵权行为是个人维权难题的重要原因,许多数据都被系统自动化收集与处理,对自然人而言,欲证明信息处理者存在过错极为困难。并且,许多侵犯个人信息的纠纷与侵权法的要件不相符合。对此,新出台的《个人信息保护法》第69条已经明确规定了有关侵害个人信息权的纠纷,应当对信息处理者适用过错推定责任。这在一定程度上缓和了权利人的举证难题,但也存在以下两个弊端。

1. 侵权事实的不确定性

过错推定责任在一定程度上降低了信息主体对于过错的证明的难度,立法在一定程度上吸收了司法经验。在《个人信息保护法》出台之前,随着社会对于个人信息保护的讨论不断深入,法院已经改变了对于过错责任的

---

[1] 参见王苑:《个人信息保护在民法中的表达——兼论民法与个人信息保护法之关系》,载《华东政法大学学报》2021年第2期。

坚守,许多裁判结果在事实上已经在不断地偏向于弱化权利人的证明难度。① 这是因为裁判者已经意识到个人信息的处理行为不容易被证成过错。

但过错推定责任也不能从根本上解决问题。一般来说,常人是否可以理解某种侵权行为往往会对司法效果有重大影响。一方面,当个人不能确认处理者是否具有过错时,忌惮败诉的结果就会缺乏诉讼的激励,导致侵权行为难以被规制。另一方面,因个人信息的侵权行为往往存在侵权事实的不确定性,非专业人员很难判断某一侵权事实是否存在过错。权利人(甚至裁判者)并不具备判断信息处理行为是否符合行业规范的能力,最终也不得不依赖于技术人员的结论。有学者曾形象地指出,随着科技与工业的发展,事物的真相也会被科学家所裁判,如果科学家不承认某种风险,就意味着它就"不存在"。② 当难以确定侵权行为的过错程度时,裁判也会陷入僵局。一言以蔽之,信息处理者要"证明"其不存在行为过错也并非难事。

对此有学者提出,未来侵害个人信息的民法责任应当统一适用无过错责任③,这种观点值得认同。比较法中也有类似的趋势,2017 年德国联邦议会新修订的《联邦数据保护法》第 7 条(赔偿责任)没有沿用传统责任法中"过错"这样的表述,而是直接规定了承担责任的具体情形,即违反了法律规定或者正当处理原则造成的损害,数据处理者就应当赔偿损失;当数据处理者能够证明自身尽到了当时情境中应尽的义务时,可以不承担赔偿责任。④ 如此,裁判中就不用再纠结于抽象复杂的事实关系,简化了因果关系的证明。

但目前《个人信息保护法》仍是以过错推定责任为原则,适用无过错责

---

① 参见阮神裕:《民法典视角下个人信息的侵权法保护——以事实不确定性及其解决为中心》,载《法学家》2020 年第 4 期。
② 参见[德]乌尔里希·贝克:《风险社会》,张文杰、何博闻译,译林出版社 2018 年版,第 79 页。
③ 参见程啸:《论侵害个人信息的民事责任》,载《暨南学报(哲学社会科学版)》2020 年第 2 期。
④ 参见刘金瑞:《德国联邦数据保护法 2017 年版译本及历次修改简介》,载《中德法学论坛》2017 年第 2 期。

任缺乏法律依据。而今还没有法律明确规定个人信息的侵权责任适用无过错责任,笔者认为未来的立法需要对此进行完善。如果立法还未确立无过错责任时,在司法中需要通过解释论的方法衡量行为人的主观过错,例如,应将侵害个人信息的行为归为特殊侵权案件,所谓的特殊侵权即不要求侵权行为具备圆满的侵权四要件[1],只满足部分条件就可以确定侵权事实成立,即可以弱化是否具有过错这个要件。又如,可以以人格权编与《个人信息保护法》中的确定性规定为依据,即只要违反了法律的规定就应当判断信息处理者具有主观上的过错,不要求信息处理者的过错事实。总之,如果法律不能明文规定无过错责任,在实践中也应当弱化过错的证明这一要件。

2. 加害人的不确定性

当存在多个信息处理者时,则难以证明谁是侵权人。由于信息处理者之间往往存在对信息的交易与共享,在现实中个人信息被单一处理者所掌控的情形已经越来越少。信息处理者也并不会这些信息共享的单位在信息处理协议中明确地告知信息主体[2]。因此,信息主体很难知道自身的信息被"谁"所处理,即使知道了也无法证明是"谁"侵犯了自身的权利。这类案件有很多,比较有名的是"庞某鹏与北京趣拿信息技术有限公司等隐私权纠纷上诉案"(以下简称庞某鹏案)。庞某鹏在网络平台上购买机票,后身份信息遭到泄露,但庞某鹏无法证明是航空公司还是购票平台泄露了个人信息,因此一审法院判决驳回庞某鹏的诉讼请求[3]。

庞某鹏案的二审法院认为被告对引起侵权事实的发生具有高度可能性,即庞某鹏在凌晨时订机票,于当天上午就收到了诈骗短信,那么航空公司与订票平台大概率泄露了其个人信息。于是二审法院判决撤销了一审判

---

[1] 参见王国征:《证明责任应为一般侵权责任与特殊侵权责任的划分标准》,载《齐鲁学刊》2014年第1期。

[2] 参见阮神裕:《民法典视角下个人信息的侵权法保护——以事实不确定性及其解决为中心》,载《法学家》2020年第4期。

[3] 北京市海淀区人民法院民事判决书,(2015)海民初字第10634号。

决,并判处航空公司与网络平台承担赔礼道歉的连带责任,又驳回了庞某鹏的其他请求①。由此可见,法院也难以分辨侵权行为的事实是否存在,而是依靠经验作出了对于权利人有利的判断。对此《个人信息保护法》第 20 条作出了一些完善,它明确规定了多个处理者在处理信息时造成损害的,承担连带责任。从语义上理解,该条要求信息处理者必须做出了侵害个人信息权的行为,如此,则证明过程又仿佛回到了第一困境,即如何证明多个处理者(如航空公司、订票平台)都存在侵权的处理行为? 对于一个处理者的行为查证尚且困难,又如何查证多个处理者的行为? 显然,这难以解决行为人不确定的难题。

有观点认为,对于不确定数量的信息处理者之侵权案件可以类推适用加害人不确定的共同危害行为,将潜在的侵权人认定为共同危险行为。② 所谓共同危险行为的法条支撑源自《民法典》第 1170 条,它分为可确定侵权人的危险行为与不可确定侵权人的危险行为。显然,提出这个观点的学者赞同适用后者,即不能确定具体侵权人的由所有行为人承担连带责任。这样做的好处是无须查证哪一个侵权人做出了侵权行为,只要行为人共同参与了危险行为即可推定行为人承担连带责任。但即使适用该理论也存在一些瑕疵。

其一,加害人不确定的共同危险行为要求侵害的事实必须成立。③ 也就是说,虽然法律不要求找出具体是谁实施了侵害行为,只要能证明某一个群体实施了加害行为足矣。但这个理论的前提是必须存在这样的加害行为,然而在个人信息处理中是否存在侵权行为的这个事实都难以查明,又如何去认定哪些信息处理者实施了危害行为? 例如,在庞某鹏案中,订票平台与航空公司是否泄露了个人信息尚且事实不明,又怎么认定二者属于共同危险行为?

---

① 北京市第一中级人民法院民事判决书,(2017)京 01 民终 509 号。
② 参见叶名怡:《个人信息的侵权法保护》,载《法学研究》2018 年第 4 期。
③ 参见王利明:《论共同危险行为中的加害人不明》,载《政治与法律》2010 年第 4 期。

其二，加害人不确定的共同危险行为要求侵权人共同实施了某种"危险的"行为。① 法律不要求证明具体的侵权人，只要从事了这种足以导致侵权后果的危险行为，就应当认定行为人具有过错。换言之，不要求行为与损害结果之间存在高度盖然性的因果关系，但它要求这种行为具备一定的危险性。王利明教授所举的例子是，数人共同燃放烟花，其中某个"二踢脚"造成失火，那么能够证明自身没有燃放"二踢脚"的人可以免责，其他燃放了"二踢脚"的人需要承担人数不确定的连带责任。② 但在个人信息侵权中也难以查明这样的具备危险性的侵权行为（燃放烟花）。因为个人信息处理中的处理包含着多种行为，不仅有加工、传输这样的实质性处理行为，还具有收集、存储这样的一般性处理行为。是否难以查明是谁泄露了个人信息，则所有的储存了该信息的处理者都被视为危险犯？当存在这种理论瑕疵时，裁判者就难以作出带有实质性处罚威慑的判决。例如，在庞某鹏案中，法院自知判决多个信息处理者承担连带责任缺乏事实与法律依据，仅通过生活经验作出了裁决，于是没有支持庞某鹏的其他赔偿类的诉讼申请，而仅仅判决了赔礼道歉，似乎这种司法中的妥协对于双方都是一个可以接受的结果。

如果需要彻底地解决这种困境，可能法教义的方法已经难以奏效。一个可行的方案是立法论，即必须由法律明确规定，放宽共同行为侵权的条件，而不能简单地类推适用民法中一些规则，如高空抛物责任等。因为，许多个人信息的处理行为并不具有如此严重的危险性，如收集、存储、公开、删除等；只有部分的个人信息的处理行为可能具有危险性，如加工、传输等。目前的《个人信息保护法》中的共同侵权条款太过于原则与笼统，无法解决行为人不确定的难题。比较法中，欧盟《一般数据保护条例》第82条明确规定，当涉及多个处理者时，信息的储存者与处理者承担连带责任。③ 在一定

---

① 参见王利明：《论共同危险行为中的加害人不明》，载《政治与法律》2010年第4期。
② 参见王利明：《论共同危险行为中的加害人不明》，载《政治与法律》2010年第4期。
③ 因术语差异，欧盟《一般数据保护条例》第82条的原文是数据控制者与处理者对全部个人损失承担责任，在此笔者将其转化为我国法律中的常用语。

程度上解决了数个信息处理者之间侵权行为的证明问题。德国《联邦数据保护法》(2017年修订版)第8条第4款规定,公权力机关在数据处理的过程中,如果多个处理者都处理过数据,信息处理者无法确定谁是数据的实际控制者,则每个处理者都应为此负责。[1] 由此我们可以发现,欧盟个人信息保护规则已经在践行多个信息处理者侵权的连带责任,损害赔偿不要求侵权人必须做出了侵权行为,只要处理者控制了该个人信息就应当承担责任。

(二)侵权赔偿责任

根据《民法典》第1182条的规定,侵害他人人身权益的赔偿数额应根据被侵权人所遭受的损失或侵权人所获得的利益确定。若损失或利益难以确定且双方无法达成一致意见时,赔偿数额由法院依职权酌情裁量。由此可见,对于侵害他人个人信息的行为,如果该行为导致了可量化的经济损失,如财产损失,或者可评估的精神损害,受害人理应获得相应的损害赔偿。

然而,在涉及难以量化的损害情况下,例如,在中国首例"人脸识别"案件中,侵权行为表现为非法收集他人面部信息,但未对受害人造成明显的实际经济损失或使侵权人获得可观的经济收益。对于此类情况,是否应当进行赔偿成为法律实践中的争议焦点。法律虽赋予法院一定的自由裁量权,但在没有具体损失的前提下,如何合理确定赔偿数额需要进一步探索和界定。这不仅涉及个人信息保护的立法初衷,也关乎社会对隐私权及个人信息自主权的认知与重视程度。在这类案件中,法院应综合考虑隐私权的社会价值、侵权行为的性质及潜在的社会影响,合理裁量赔偿数额,以实现法律对个人信息权益保护的最终目的。

针对上述情况,笔者认为应当对受害者予以充分赔偿,否则相关制度对于权利人而言将形同虚设。信息处理者的违法行为未被有效制裁,导致举证与诉讼过程不仅异常复杂且耗时,最终结果往往仅止于删除信息,实质上

---

[1] 参见刘金瑞:《德国联邦数据保护法2017年版译本及历次修改简介》,载《中德法学论坛》2017年第2期。

无法对侵权者产生足够的法律威慑效应。对此,有学者提出应当参照相关判例,通过扩大解释的方式,优先保障个人权益,并进一步在立法中明确精神损害赔偿的适用情形。笔者对此观点表示支持。基于此,《个人信息保护法》第 68 条的规定应作适当扩张,即凡侵犯个人信息权益的行为,信息处理者均应承担相应的赔偿责任。当损害赔偿金额难以精确认定时,应授权法院根据具体案情予以裁量,确保受害者的权益得到充分救济。通过明确赔偿责任与精神损害赔偿机制,方能提升法律的可操作性与威慑力,真正实现对个人信息权益的有效保护。

目前,个人信息权益保护中的另一显著缺陷在于,现行司法文件虽然规定了赔偿金额的上限①,却未明确赔偿金额的下限。这一规定的缺失容易导致司法裁判中的实际困境。一方面,人格权益的价值本身具有抽象性和不可量化性,因而在具体裁判中会被低估或忽视;另一方面,个人在与大型互联网企业的对抗中,本就处于相对弱势地位。如果不设置明确的最低赔偿标准,维权过程中高成本、低收益的现象将难以得到根本改善,进而削弱了受害者通过法律途径维护自身权益的动力和信心。

因此,在未来的立法完善中,应当进一步明确和细化最低赔偿金额的设置。这不仅有助于提升司法救济的可操作性和公正性,还能在一定程度上平衡个人与企业在信息保护领域的权利与义务,增强法律对弱势群体的保护力度。最低赔偿金额的引入,将有助于确保受害者能够获得与其权益损害相称的赔偿,进而推动人格权益保护体系的全面优化。

三、个人信息侵权的群体性诉讼

侵害个人信息权的案件多为群体性纠纷,需要特殊的诉讼保障机制。例如,《个人信息保护法》第 70 条规定的国家机关参与的公益诉讼制度就是

---

① 《最高人民法院关于审理利用信息网络侵害人身权益民事纠纷案件适用法律若干问题的规定》第 18 条规定,人身权益受侵害的案件,权利人的财产损失或者侵权人因此获益数额难以确定的,人民法院可以在 50 万元以内确定赔偿数额。

其中一种。但民事权利的救济仅仅依靠公权机关作为诉讼担当人是不够的,个人信息权的民事救济仍需占据重要地位。民法救济的首要目标就是对私人权利的保护。尽管公法具有维护公共利益、高效、快捷、具备威慑力等优势,但民事诉讼仍是救济个人权利的首选。行政机关不可能照顾到每一个权利人,即使对侵权人作出了行政处罚,也不代表权利人就得到了救济。民事诉讼能够使个体重视自身的私人权利,调动群众维权的积极性,同时也提高互联网企业收集个人信息的成本。因此,个人信息侵权赔偿诉讼的主要力量仍应当是民事诉讼。

而对于此种人数众多、分布分散、个人损害较小的案件,应适用群体诉讼。我国的群体诉讼方式主要是共同诉讼与代表人诉讼这两种制度。相较于共同诉讼,代表人诉讼具有容纳更多诉讼人的功能,更加节约司法资源、维护司法统一等价值,应是个人信息侵权诉讼的首选。代表人诉讼分为人数确定的代表人诉讼与人数不确定的代表人诉讼,对于侵害个人信息的案件而言,人数不确定的代表人诉讼应为主流。因为,权利人的受害数量众多,不可能都参加诉讼。因此,本书着重讨论人数不确定的代表人诉讼。

(一)代表人诉讼的制度困境

人数不确定的代表人诉讼的实践效果并不理想,往往被束之高阁、拆分成共同诉讼,究其原因有以下几点:

1. 立法理念存在偏差。有学者曾提出,人数不确定的代表人诉讼是参照美国集团诉讼所设立的[①]。但立法者在设计制度之时又偏离集团诉讼的基本理念,将代表人诉讼算作人数众多的共同诉讼[②],造成法律实施过程中代表人诉讼的功能严重缺失,变得可有可无。这是因为我国代表人诉讼制度产生于改革开放初期,当时案件大多比较简单,用简单的相加或合并就可以解决,于是代表人诉讼就被理解为人数众多的共同诉讼。而集团诉讼所

---

① 参见唐德华:《新民事诉讼法条文释义》,人民法院出版社1992年版,第107页。
② 参见吴英姿:《代表人诉讼制度设计缺陷》,载《法学家》2009年第2期。

应对的是群体性纠纷中的损害赔偿问题,专门针对证券欺诈、环境侵权等案件。因此,基于这样的理解所设计出的代表人诉讼难免跟不上现代社会的发展步伐。司法机关的权威学者对代表人诉讼的性质也存在一些误读,甚至将人数确定的代表人诉讼理解为共同诉讼的一种诉讼,在司法界产生了深远的影响。①

2. 司法者对于群体纠纷的处理略显保守。法官在选择诉讼方式时,需要考虑如何调和当事人之间矛盾以及如何维护社会稳定等问题。群体性诉讼方式可能会引起社会动荡等问题,而单独诉讼则能避免这些潜在的社会风险。自进入互联网时代之后,媒体往往会发酵舆论并最终影响法院裁判结果。② 证券欺诈纠纷大多是较为敏感且广为关注的案件,如果一些媒体利用人民的同情弱者等心态进行针对性报道,获取案件信息不完整的舆论可能会对司法造成不公正的干扰,这些对经济发展甚至社会安定都是极其不利的。碍于这样的司法政策,即使起诉时被确定为代表人诉讼,最终也被拆散成多个单独诉讼的案件③。

3. 现有制度令当事人缺乏诉讼动力。在群体性事件中,多数群众希望更多公权力介入案件,而不愿意自己推动诉讼。一方面是因为缺乏司法激励,美国学者曼瑟尔·奥尔森(Mancur Olson)的研究表明无组织集团如果没有其他鞭策因素,他们不会"采取行动"(collective action),因为集团中的个体忍受一些损失也能达到集团行动所能取得的利益;经常"采取行动"的集团较小,平均人数为 6.5 人,而"不采取行动"的集团较大,平均人数为 14 人。④《民事诉讼法》关于代表人诉讼的规定呈现任意性规范较多而强制性规范较少的特点,造成权利人往往难以自行达成行动一致,使诉讼难以进

---

① 参见马原:《民事诉讼法的修改与适用》,人民法院出版社 1991 年版,第 52 页。
② 参见宋远升:《法治国视阈下司法压力的发生机制及法律规制》,载《学术月刊》2017 年第 5 期。
③ 参见章武生:《我国证券集团诉讼的模式选择与制度重构》,载《中国法学》2017 年第 2 期。
④ 参见[美]曼瑟尔·奥尔森:《集团行动的逻辑》,陈郁等译,上海人民出版社 1994 年版,第 64 页。

行。另一方面是因为权利人的举证过程过于艰难,并且诉讼的收益过小。这对于一般信息主体而言,是巨大的行动障碍。

(二) 对域外集团诉讼制度的借鉴

完善思路则应当是从集团诉讼中汲取经验,本书所谓的集团诉讼是英美法实践中的一种法律适用,起源于英国息讼状。1849 年,美国纽约州的《费尔德法典》中规定了集团诉讼,通过几十年的修订与完善,集团诉讼制度于1938 年纳入《联邦民事诉讼规则》。集团诉讼能够产生如此广泛的影响,与其鼓励民事诉讼的价值理念是密不可分的。多数国家在处理群体性事件的问题时都有采用公共执法,而美国是采取私人执法最多的国家。[1] 集团诉讼的激励性机制大致可归纳为以下三点:

1. 集团的拟制。集团诉讼允许未经授权的代理,即诉讼代理人可以代表一群共同利益的权利人提起诉讼,而不需要每一位权利人的明确授权。在这一机制中,适用"选择退出"(Opt-out) 规则,即凡是符合集体诉讼原告资格但未明确表示拒绝参与诉讼的权利人,均被默认纳入诉讼集团。这意味着,在诉讼启动后,代理人可以将这些潜在的权利人纳入正在进行的诉讼程序中,并作为原告参与诉讼,且最终的诉讼结果对该集团内所有权利人均具有法律拘束力。

选择退出机制的核心在于,它将所有潜在的受害者——特别是投资纠纷等案件中的受害投资者——视为集团的成员,除非这些权利人明确声明退出,否则他们将自动成为诉讼的参与方。而法院通过司法裁定对集团的构成进行确认,并据此决定该集团诉讼的范围和效力。这种规则的设定不仅提高了诉讼效率,也为分散的权利人提供了统一维护其合法权益的途径,具有重要的法律意义和实践价值。

---

[1] See Coffee J. , *Understanding the Plaintiffs Attorney*: *The Implications of Economic Theory for Private Enforcement of Law Through Class and Derivative Actions*, Columbia Law Review, Vol. 4, p. 669 (1986).

2. 设立了严谨的通知(Notice)程序。该通知程序包括集团形成通知、和解通知等多种形式,旨在告知潜在权利人其参与诉讼的权利及相关法律后果。根据美国司法实践,个体通知被视为通知程序的基本原则,即对于能够明确识别姓名和地址的集团成员,诉讼方应采取单独通知的方式。在 Eisen v. Carlisle & Jacquelin 案中,美国联邦最高法院作出关键裁定,认为集团中的 200 多万名原告由于能够确定其身份及联系信息,因此有权收到单独通知。最高法院的这一判决不仅强化了个体通知在集团诉讼中的重要性,还强调了程序公正原则的重要作用,并最终将案件发回原审法院进行进一步处理。[1]

诉讼通知制度的设置加强了集团诉讼的合法性与正当性,特别是在选择退出(Opt-out)机制下,通知程序起到了至关重要的作用。此外,诉讼通知制度还在一定程度上扩大了司法的覆盖面,确保了群体性案件中所有潜在权利人的知情权和参与权。该程序设计在促进诉讼效率与实现司法公正之间取得了平衡,为集团诉讼的顺利进行奠定了程序基础。

3. 确立了首席原告(Lead plaintiff)制度。首席原告可以是参加诉讼的个人或者团体,可以由参加诉讼的个人、机构或团体担任,负责代表整个诉讼集团履行一系列关键职责。例如,在"前程无忧案"中首席原告就是美国 Webster Group。[2] 首席原告的权限包括聘请集团律师、搜集案件证据以及代表集团和解,等等。首席原告与被告方所商谈的和解协议对整个集团有效,并且集团成员不得以相同的事实再次提起诉讼。

美国《联邦民事诉讼规则》第 23(a)条明确规定了首席原告的选任条件,以保障其具备充足的代表性和诉讼能力。同时,为了防止首席原告在履行职责时可能出现的利益冲突或滥用职权,法律赋予法官最终决定首席原

---

[1] 参见[日]藤仓皓一郎:《英美判例百选》,段匡、杨永庄译,北京大学出版社 2005 年版,第 288 页。

[2] 2005 年 1 月,WebsterGroup 等股东以前程无忧公司、部分高管及董事违反了 1934 年的美国《证券交易法》第 10 条 b-5 规则提起集团诉讼,被称为"前程无忧案"。

告资格的权力,确保其行为符合整个集团的利益,而不是出于自身利益的考虑。这一监督机制旨在维护集团成员之间的公平,防止部分成员的利益受到损害。

首席原告制度在实践中简化了代表性原告的选拔和确认过程,避免了诉讼初期的复杂性和不必要的争议,从而显著提高了集团诉讼的效率。此外,通过集中的领导结构,该制度加强了原告集团的组织性与协调性,使诉讼策略更加统一,特别是在大规模复杂诉讼中尤为有效。

(三)个人信息侵权代表人诉讼制度的完善

在我国群体诉讼制度的构建与完善中,关键在于引入"选择退出"规则,即凡未明确表示退出的权利人应被自动视为诉讼团体的成员。此举能够显著提升群体诉讼的覆盖面和参与度。然而,在实际分配损害赔偿时,对于未主动参与诉讼的权利人,其赔偿金额应当由参与诉讼的权利人共享。这样做不仅有助于激励更多权利人积极参与诉讼程序,也能够避免因少额赔偿而导致的诉讼积极性不足问题。毕竟,对于仅涉及几分钱的损害赔偿而言,若无此种激励,权利人很难被驱动参与侵权诉讼。

同时,对于那些未参与诉讼的权利人,这一安排也是合理且可接受的。一方面,未参与诉讼的权利人应被视为放弃了对自身权利救济的主动追求,法律也不应为在"权利上睡觉的人"提供特别保护,更无须考虑其因未参与诉讼而丧失的机会成本。另一方面,积极参与诉讼的权利人通过自身努力实现了对侵权者的惩罚,这在道德上也对那些"搭便车"的权利人形成了间接的利益补偿。换言之,这一机制不仅不会损害未参与诉讼者的合法权益,反而在整体上有利于维护群体正义与公平。因此,通过合理分配赔偿金额,既能平衡不同权利人之间的利益,也能够促进群体诉讼制度的有效运行。

第八章 个人信息权的公法保护

众所周知,人格权与宪法具有千丝万缕的联系,其最早的依据可以追溯至罗马法。"罗马法上的'人格'具有公法性质,用现代法律观念表述,即'人格'是人的一种宪法地位。"[①]但由于传统部门法学的局限性,民法部门往往是规范平等主体之间的对抗,而个人在面对国家机关时往往需要借助公法的帮助。即使姑且不论民法是否可以规范公权力这一理论争议,只从行政机关往往被民法学者视为需要尊重个人权利的相对人,而不是可以主动出击的执法者这一点出发,[②]就大大降低了个人信息权在数字社会所必须担当的效用。因此,基于以上几点的综合考虑,个人信息权也必须在公法中全面展开。

一、个人信息权公法保护的必要性

根据传统法学理论,公权力不能介入私人领域之自主权利。在现阶段的法学理论体系中,个人信息是否属于公法可以干预的客体并未得到充分论证。由于隐私在我国带有明显的私权属性,隐私利益是纯粹意义上的私人利益,因此公权力很少干预个人隐私。而个人信息又与个人隐私枝附叶

---

① 参见马特:《人格权与宪法基本关系探讨》,载《安徽大学学报(哲学社会科学版)》2008年第5期。
② 参见严鸿雁:《论个人信息权益的民事权利性质与立法路径——兼评〈个人信息保护法〉(专家建议稿)的不足》,载《情报理论与实践》2013年第4期。

连,有观点认为,无论隐私权如何发展,都必须遵守一个前提,即个人信息是个人的道德义务,具有排他性的私权客体应通过私法来保护。① 我国学界的主流观点也认为,个人隐私与个人信息呈交叉关系,两者既有重合的部分又有相互独立的部分。②《民法典》第 1032 条将私密信息列为隐私概念的一部分;第 1034 条所规定的私密信息优先适用隐私权规则。实践中,个人信息保护往往也以隐私权形式出现。所以,有必要对此进行论证为后文的逻辑扫清障碍。

众所周知,在比较法上隐私权本就是宪法与私法部门的双层建构,个人信息权利也是一种跨越公法与私法的综合性权利,即公权力可以介入个人信息保护规则,由此也使传统大陆法系隐私权理论发生一些新发展。虽然隐私权诞生于美国被称为"独处的权利"③,"二战"之后欧洲各国逐渐将隐私权作为法律所保护的权利。但当人类进入互联网时代,个人领域与公共领域之间的界限开始变得模糊,隐私信息被限制在个人不公开领域的藩篱逐渐被破解。科技手段可以在不影响个人独处的情况下盗取其隐私信息,个人即使独处也不足以享有私生活的安宁,此时个人信息权利应运而生。虽然我国现阶段的个人信息保护相关立法并未完全排斥行政部门,但由于缺乏决定性的理论共识,行政权的介入还相对较弱,远未达到预防原则所需要的执法强度。如果个人信息构成公法上的权利客体,那么就"应当通过设计制度来落实权利保护"。④ 这就需要讨论公权力能否干预个人信息的保护。笔者主张公权力可以介入个人信息保护领域,主要基于如下原因:

1. 公权力从未"缺席"私人领域。在自由竞争条件下,个体差距逐渐造成两极分化,实力强劲的个人利用竞争中的优势令契约自由、人格平等成为

---

① 参见丁晓东:《个人信息私法保护的困境与出路》,载《法学研究》2018 年第 6 期。

② 参见张新宝:《从隐私到个人信息:利益再衡量的理论与制度安排》,载《中国法学》2015 年第 3 期。

③ See Samuel D. Warren, Louis D. Brandeis, *The Right to Privacy*, Harvard Law Review, Vol. 12, p. 193(1891).

④ 丁晓东:《个人信息的双重属性与行为主义规制》,载《法学家》2020 年第 1 期。

泡影,过度推崇私法自治产生了严重的社会问题。"基于某种政策考量限制主体的私权及其行使"①,公权力可能不断地渗入私人领域,因为市场主体"始终都受民法自治规范和国家管制规范的双重限制"②。就个人信息的公法保护而言,我国法律早有涉及。例如,我国《刑法修正案(五)》中增加的"窃取、收买、非法提供信用卡信息罪",《刑法修正案(七)》增加的"侵犯公民个人信息罪",等等。

2. 隐私规则的公私二分理论在数字时代逐渐失效。传统理论认为隐私只存在于私人领域,个人信息通过自由意志流入公共领域就不再是隐私。自新型数字技术出现后,在网络中传播的个人信息也会被用户视为个人隐私。例如,2019 年 9 月,一款名为"ZAO"的 APP 因使用"AI 换脸"技术需收集、处理用户面部信息引发社会热议,进而引起监管部门的重视(以下简称"ZAO"APP 事件)。所谓的 AI 换脸,是指只需要一张正脸照片就可以将媒介中特定人物的脸进行替换,既可以换成自己的脸,也可以换成不特定他人的脸,能够达到以假乱真的效果。③ 监管部门很快认定"ZAO"APP 隐私保护协议不规范,要求其自查整改,并表示需要制定新的治理规范监管新技术、新应用。④ 可见,坚持公私界限作为判断隐私的基础已经不能满足数字时代用户人格利益的保护要求,否则充斥在网络中的个人面部信息就不再是隐私。不仅如此,比较法上摒弃个人隐私的公私二分理论也已成为普遍做法,转而强调主体对个人信息的绝对控制。例如,海伦·尼森鲍姆教授所提出的场景性公正理论(Theory of Contextual Integrity),就是基于不同场景来判断

---

① 郑晓剑:《比例原则在民法上的适用及展开》,载《中国法学》2016 年第 2 期。
② 谢鸿飞:《论法律行为生效的"适法规范"——公法对法律行为效力的影响及其限度》,载《中国社会科学》2007 年第 6 期。
③ 参见常莽:《AI 换脸技术有多恐怖》,载《计算机与网络》2019 年第 22 期。
④ 参见王庆凯:《国家网信办回应 AI 换脸软件"ZAO"涉嫌侵权:已会同有关部门制定相关规定监管》,载中国新闻网,http://www.chinanews.com/gn/shipin/cns-d/2019/09-18/news831890.shtml。

隐私。① 因此，一旦公私二分论被否定，就不存在公权力不能介入私领域的这个逻辑。

3. 个体逐渐缺乏保护个人信息的能力。公权力不能介入个人信息保护的一个重要原因是，个人信息属于个人的道德义务并且个人有能力保护信息外泄。在互联网时代初期，人们确实有能力保护个人信息。虽然用户之间存在信息互换，但是互联网技术也为个人打造出一个"独立空间"，个人可以处于独立封闭的空间之中。而且那时的"信息总量不大，泄露风险较低，即使泄露其影响也有限"②。但在进入数字时代后，个体受到知识和实践选择不足的限制，缺乏采取措施限制大数据捕获个人信息的能力。事实上，即便个体知晓互联网的信息风险，也无法拒绝使用科技产品。因为个人的工作与生活已经与数字科技高度耦合，当我们置身于数字生活中或者以其他方式(如云支付、在线申请工作)参与数字经济时，都会对数据库作出无形的贡献。现代化智能产品作为数据收集者，随时可能甚至必然变成数据泄露者。数据的收集范围时常也会超出服务者的需要范围，而用户却不知情，如Facebook等社交媒体为广告营销、公关等正当用途所收集与交易的数据中，8/9 的数据用户无法看到，仅有 1/9 用户可以看见。③

个人最大化地实现规避风险的方式，就是通过产生更少的数据从而减少对自己和他人的伤害。但法律不能鼓励这么做，一旦不能收集到足够数据和高质量数据，将会导致国家在多个关键领域的竞争失败。互联网企业的隐私政策给予了用户是否公开个人数据的权利，但是，用户在与企业的权利博弈中并没有太多话语权，晦涩、冗长、难懂的用户协议迫使个人跳过阅

---

① See Helen Nissenbaum, *Privacy as Contextual Integrity*, Washington Law Review, Vol. 79, p. 119 (2004).

② 朱方彬、宋宗宇：《大数据时代个人信息权保护的法制构建》，载《山东社会科学》2020 年第 7 期。

③ See B. Debatin, J. P. Lovejoy & A. K. Horn et al., *Facebook and Online Privacy: Attitudes, Behaviors, and Unintended Consequences*, Journal of Computer-Mediated Communication, Vol. 15, p. 86(2009).

读,概括式地要么同意这些软件政策继续安装,要么只能离开。并且,许多软件之间存在相互关联的现象,一旦同意了一方的隐私政策,也就视为用户同意将个人数据对其他关联的软件予以共享。① 知情同意规则的虚化让保护个人信息任务变得更加艰巨。

4. 私法的局限性。仅仅通过放大或缩小私权并不能根除数字科技的风险,这种现象在互联网巨头企业中尤为明显。即使《民法典》对个人信息保护高度重视,并将其纳入人格权编,也无法避免最终以请求权作为基础的救济方式。问题的关键在于,私人与互联网巨头的地位不平等却导致民事救济难以实现,一方面,因为他们获取与应用个人隐私的手段完全"合法",且不会造成明显的损害,通过人格权制度很难提供法律救济,而隐蔽的侵权事实却仍然存在;另一方面,人工智能产品的创新速度较快,私法在抵御这类法律风险时存在"侵权—救济"的构造难题,针对还未被引起足够审慎思考就已投入使用的技术,传统侵权法理论根本无力应对。② 仍以"ZAO" APP 事件为例,在法律对于如何保护面部信息不甚了了时,带有科技风险的换脸APP 就已经上架投入使用。该软件公司甚至在隐私协议中就明确指出,用户上传发布内容后就意味着同意授予 ZAO 及其关联公司以及 ZAO 用户在全球范围内完全免费、不可撤销、永久、可转授权和可再许可的权利。最终这场风波随着行政机关的及时介入而结束,其暴露出的隐私安全问题未经历足够的讨论。现阶段对用户权利的私法救济主要措施有:可主张此用户协议属于合同中"格式条款",不能成为合同之内容;或者对 AI 换脸技术所引发的名誉权、隐私权等人格权风险主张排除妨害,等等。但是,在网络技术发达的今天,面部数据与个人账户的安全度密切相关,任何能够复制面部数据的个人或公司都可能掌握了打开个人账户的钥匙,而个人却无法举证

---

① 参见李延舜:《我国移动应用软件隐私政策的合规审查及完善——基于49例隐私政策的文本考察》,载《法商研究》2019年第5期。

② See Douglas Harris, *Deepfakes, False Pornography Is Here and the Law Cannot Protect You*, Duke Law & Technology, Vol. 17, p. 99(2018).

侵权是如何进行的。所以,私法对这样的科技侵权风险显得无从下手,必须借助公权力进行风险防范。

综上所述,个人信息权的公法层面规制无疑具有重要意义,尤其在现代信息社会中,个人信息的保护已成为国家治理与公民权利保障的核心议题之一。这是因为公法的强制力远超一般的民事规范,而对于公法在规制私人人格自由时所体现的正当性应当建立在宪法的基础之上。宪法作为国家的根本法,不仅确立了公民基本权利的范围和内容,也为公权力的行使设定了合法性边界。公法对个人信息权的规制,正是基于宪法所创设的基本权利体系,从而确保国家权力在行使过程中,能够在维护公共秩序、促进社会公共利益的同时,不侵害公民的个人自由与尊严。因此,只有在宪法框架内,公法对个人信息权的规制才具备充分的合法性与正当性,这也是现代法治国家维护公民权利和社会秩序的基本要求。

二、个人信息权的宪法确认

我国《宪法》第38条"中华人民共和国公民的人格尊严不受侵犯"可被视为民法中一般人格权的宪法依据。如果论及个人信息权是一种新型人格权,那么自然不能再以《宪法》第38条作为依据。换言之,新型人格权的成立需要新的宪法依据,否则论证是不完整的,本书就此问题进行讨论。早有学者提出个人信息权应作为《宪法》中的基本权利,[1]针对这一主张有两种质疑的声音,第一种是质疑其可操作性,因为现实中以我国宪法作为根据而宣判的案件很少,这种做法会将个人信息权变得虚无化。[2] 第二种是担心过度地保护个人信息,容易伤害到信息产业的发展。[3] 因此,个人信息的宪法确

---

[1] 参见姚岳绒:《论信息自决权作为一项基本权利在我国的证成》,载《政治与法律》2012年第4期。

[2] 参见李伟民:《"个人信息权"性质之辨与立法模式研究——以互联网新型权利为视角》,载《上海师范大学学报(哲学社会科学版)》2018年第3期。

[3] 参见徐美:《再谈个人信息保护路径——以〈民法总则〉第111条为出发点》,载《中国政法大学学报》2018年第5期。

认需要解决两个问题,"有没有必要"与"用什么方式"。

(一)个人信息权宪法确认的必然性

正如学者所言,当下正是第三代信息隐私权发展的契机①,应抓住这个权利演化的宪法时刻②,从而将个人信息权转化为宪法的概念。③ 这种观点实际上符合了当下的国际立法趋势。欧盟没有普遍地承认隐私权的宪法地位,但在个人信息保护的立法运动中弥补了对隐私保护的宪法缺陷。

个人信息的保护早已经成为欧洲法律文化的一部分,除了严格的隐私传统,数据的大量外流也促使欧盟决定要在基本权利层面保护个人信息。欧盟个人信息保护的立法源于宪法,同时连接多个特别法,形成弹性的体系。例如,《欧盟基本权利宪章》第 8 条规定"人人都享有个人数据被保护的权利""……人人都具有接近、访问、销毁个人数据的权利"。在欧盟《一般数据保护条例》的缔约成员中,大多也将个人信息保护确立为公民的基本权利。比起数据流动带来的科技红利,欧洲各国更重视人格权的维护。处理个人信息时,不得忽视信息主体的意见,否则就是对个人尊严的不尊重。因此,欧盟数据保护法中规定了,在不知情的情况下信息主体可以拒绝信息被处理的权利。欧盟法为保障政治上的民主自治,要求服务者不得以算法结果影响数据主体的决策和法律服务。与性别、政治倾向、宗教信仰有关的个人信息一律不得收集、加工。并且对信息处理者的交易范围进行严格控制,严禁以交易的形式侵害《欧盟基本权利宪章》所保护的权利。

美国没有在宪法层面上确认个人信息保护规则,但美国有对隐私权的宪法解释。19 世纪中后期,美国政府加强了对公民的普查力度,由此而引发

---

① 这里所谓的信息隐私权实际上同个人信息权的含义差不多。参见孙平:《政府巨型数据库时代的公民隐私权保护》,载《法学》2007 年第 7 期。

② 参见余成峰:《信息隐私权的宪法时刻——规范基础与体系重构》,载《中外法学》2021 年第 1 期。

③ 参见余成峰:《信息隐私权的宪法时刻——规范基础与体系重构》,载《中外法学》2021 年第 1 期。

的侵犯个人隐私权的案件不时发生。但由于公法层面上没有对隐私权的明确规定,仅依靠私法规范,对公民个人隐私的保护并不理想。因此,美国联邦最高法院为隐私权创设了宪法解释,任何无理由侵扰他人个人隐私的行为,都将视为违反美国宪法第四修正案。在"卡茨案"中①,联邦最高法院大法官创造了"隐私权合理期待论",即隐私权包含了一般社会民众对其隐私的合理期待。所以,即使像公共电话亭这种公共场所的隐私,同样受到宪法保护,从而限制了政府的权力。在经历了"水门事件"之后,美国于1974年通过了《隐私法案》(Privacy Act)。该法案赋予了个人接触并更正其个人信息的权利,督促联邦政府保护个人信息,并规定了政府在收集与利用个人信息的程序,带有一定的公法功能。

  国内学界的多数声音也承认,个人信息权的宪法维度必要性已经成为宪法学迫切需要回应的问题。笔者认为,个人信息权的宪法确认势在必行,最重要的原因是法律体系的现实要求,《个人信息保护法》第1条明确的表达了其制定是以宪法为依据,因此学理有必要解释《个人信息保护法》以《宪法》哪一条为依据。而《民法典》中的个人信息保护之宪法依据是什么,也仍然不能确定。《民法典》将个人信息保护置于人格权编,而众所周知,人格权即是从宪法中所衍生出的规范。例如,《德国民法典》与宪法中并未有明确的隐私权概念,这是因为宗教对社会也具有一定的影响力,导致人格权不能写进法律之中。基督教认为,人不可杀人,而自杀也是杀人,而一旦人具有人格权就当然有权自杀。② 但因为科技与社会的发展,为了维护个人的人格尊严,首先由德国联邦法院创设了人格权以保护个人人格不受其他民事主体的侵害,随后德国联邦宪法法院根据此创设了宪法的上人格权,用来保护个人人格不受公权力侵害。所以,以宪法的视角解释人格权的规范是有意

---

① "卡茨案"的相关案情与分析,参见郑曦、刘玫:《非法证据排除规则在监听证据中的运用——以美国法为蓝本的考察》,载《证据科学》2012年第6期。
② 参见方新军:《一项权利如何成为可能?——以隐私权的演进为中心》,载《法学评论》2017年第6期。

义的。① 综上所述，本书讨论个人信息权的宪法依据并非空穴来风。

(二) 个人信息权宪法确认的路径

个人信息权的宪法确认有两种方式，第一种是在宪法中明文规定个人信息权，第二种是通过宪法解释将个人信息权纳入某一条成文法中。我国《宪法》中还未规定个人信息权，而全球已有30多个国家与地区将个人信息作为宪法中的基本权利，如《欧盟基本权利宪章》等②。但目前，直接支持修改《宪法》的学者比较少，多数学者支持第二种方式，即通过宪法解释来确定宪法中的个人信息权，大致可以分为三种观点：一是通过《宪法》第33条，个人信息权被学者誉为第四代人权③，通过第33条解释个人信息权具有一定道理。第二、第三种观点都是以《宪法》第38条中的"人格尊严"为依据，不同的是对于该条有不一样的理解。一种理解是，这里的人格尊严是宪法的原则性条款，即类似于《德国基本法》第1条的基础性宪法价值之表达，④将个人信息权解释为人的基本尊严。另一种是将"人格尊严不受侵犯"理解为无保留的基本权利，包括了人格权。⑤ 这里宪法上的人格权是为了对接民法中的一般人格权。⑥ 宪法不仅约束国家权力的基本，公民基本权利的保护也是宪法的应有之义。⑦ 因此，个人信息权则可以被视为一般人格权而受到保护。

本书认为，个人信息权不能被视为一般人格权，后文将详细论述这个观点。而如果将个人信息权解释为基本人权，又有保护信息过于严格之嫌，恐

---

① 参见骆正言:《〈民法典草案〉人格权编的宪法学省思》，载《浙江社会科学》2020年第2期。
② 参见王锡锌、彭錞:《个人信息保护法律体系的宪法基础》，载《清华法学》2021年第3期。
③ 参见马长山:《智慧社会背景下的"第四代人权"及其保障》，载《中国法学》2019年第5期。
④ 参见林来梵:《人的尊严与人格尊严——兼论中国宪法第38条的解释方案》，载《浙江社会科学》2008年第3期。
⑤ 参见胡锦光、韩大元:《中国宪法》，法律出版社2007年版，第280页。
⑥ 参见王锴:《论宪法上的一般人格权及其对民法的影响》，载《中国法学》2017年第3期。
⑦ 参见陈征:《基本权利的国家保护义务功能》，载《法学研究》2008年第1期。

将引起一些人对于破坏数字经济的担忧,毕竟欧盟法已是前车之鉴。似乎将个人信息权视为原则性规定,在理论上的瑕疵最小。因为在德国宪法中,人的基本尊严不可以被干预,而一般人格权可以被干预,但在我国宪法中并没有这种区别[①]。但无论将个人信息权解释为宪法中的人权还是原则性规定,都更像是法教义上的胜利。对于个人信息保护的实践意义并不大。支持法律解释的声音多之原因可能并不是个人信息权在学理上已经得到了充分讨论。而恰恰相反,是因为宪法中的诸多基本权利的保障还没有充分落实。以至于我们很难分清楚将个人信息权单列或者作出宪法解释到底有什么区别。于是基于实效主义的学者,往往力求对法律体系实现最小的改动而达到预期的效果。[②]

最好的选择应当是在宪法中明确列举个人信息权。个人信息权既代表了个人利益也代表了公共利益。如果只将个人信息权理解为个人的尊严,其宪法确认的意义可能还尚需结合本国的现状,尚难以定论。毕竟,美国作为最强大的数字经济国家,也未确立个人信息权的宪法条款,将其作为《宪法》第38条中未列举的人格权(与隐私权并列),也不失为一种解决方案。如果深刻地理解个人信息所代表的公共利益,则结果就完全不同。个人信息如果不能被正当地处理,其危害远超公众的普遍认知,人脸识别、算法选举等的重要性已经构成了对诸多宪法完全保留的权利之破坏。以《宪法》第40条通信权为例,当学者还在坚守通信秘密不受"任何理由的侵犯",以及讨论"通信秘密"与个人信息权的私密信息有何法教义区别时,现实中,公民在面对数字科技时可能已几乎没有"秘密"可言,数字科技可以轻易地入侵"通信空间"与"通信内容",在"棱镜门"之后,[③]欧洲启动了如此严格的个人信

---

① 参见谢立斌:《中德比较宪法视野下的人格尊严——兼与林来梵教授商榷》,载《政法论坛》2010年第4期。

② 参见孙平:《系统构筑个人信息保护立法的基本权利模式》,载《法学》2016年第4期。

③ 棱镜门事件的相关信息,参见方兴东、张笑容、胡怀亮:《棱镜门事件与全球网络空间安全战略研究》,载《现代传播(中国传媒大学学报)》2014年第1期。

息保护立法就是例证。数字科技对于私人和公共的冲击已经到了需要重新审视宪法的时刻。众所周知,未被宪法列举的权利,公权力机关只要通过"单纯的法律保留要求就可以限制",①也就是通过制定法律就可以限制。②这种级别的保护力度,是无法应对公权力信息处理者的。个人信息(受保护)权必须被宪法所明文规定,才能起到警示与规范的作用。但个人信息的分享为常态可能与宪法保留权利存在理论冲突,放弃"宪法完全保留规范"转为"部分保留规范"不失为一种解决思路。③

三、预防原则的引入证成

(一)公法预防的必要性

科技在带给人类福利的同时也引发了不容忽视的抽象社会风险,"滴滴海外上市被叫停"事件就是最好的例证④。在面对科技侵略个人领域时,滞后的法律显得心余力绌,特别是数字技术对个人信息的运算设置及结果,既可能会在暗中侵蚀着个人的尊严与自由意志,也可能会影响社会公平与国家安全。而且数字科技的风险后果可能无法被行政处罚行为所纠正,例如,数字科技具有强大的决策功能,一旦运用在个人利益中(选举、垄断),后果则难以控制。

虽然民法学界对这种数字科技所带来的社会风险与人权隐患早有关注,但研究重点多侧重个人权利保护视角。我国《民法典》高度重视个人信息保护,首创人格权独立成编,并在其中确立了隐私权与个人信息保护规

---

① 参见杜强强:《法院调取通话记录不属于宪法上的通信检查》,载《法学》2019年第12期。
② 参见张翔:《通信权的宪法释义与审查框架——兼与杜强强、王锴、秦小建教授商榷》,载《比较法研究》2021年第1期。
③ 参见秦小建:《新通信时代公民通信权的实践争议与宪法回应》,载《政治与法律》2020年第7期。
④ "滴滴事件"的相关信息,参见韩洪灵、陈帅弟、刘杰、陈汉文:《数据伦理、国家安全与海外上市:基于滴滴的案例研究》,载《财会月刊》2021年第15期。

则。可是,基于信息控制论及其衍生规则为基础的民法保护体系,也与当下时代特征不符①,无法应对数字科技对人格尊严造成侵蚀,互联网公司的诸多行为游离在合法与非法之间的灰色地带,难以证明存在侵权的事实。为此,民法学者们曾提出过许多建议,如构建新型个人信息民事权利②,重构隐私侵权规则③,综合运用法律、技术、市场、伦理等手段"多管齐下,激励相容"隐私保护路径。④ 但无法解决根本的问题。

虽然数字科技风险大多以侵犯个人权利的事实所呈现,但实际上个人信息已不再是单纯的私人利益,已经成为当下社会的基础资源。侵犯人权的后果既具个体性也有整体性,如绝大多数人必将被迫面对的算法操控现象,就是数字科技所引发的社会风险。仅仅依靠私法救济,不仅无法挽回公众与个人的尊严,更重要的是对这种新型社会风险无法起到预防作用。亟须借助公法发挥其事前预警的防范功能已经成为众望所归。在《个人信息保护法》第六章中,政府部门的权责得到了充分强调与细化,也印证了这一点。

但是,现阶段监管部门对数字产业风险的管控却不乐观,因为行政机关对信息处理者多以"约谈—自查整改"的形式实现其风险防范职责⑤,执法依据是以《网络安全法》《个人信息保护法》为基础,其他法律法规、司法解释以及政策标准为补充。多围绕着"知情—同意"框架进行制度设计,即信息处理者在违反用户协议或法律强制性规定时,执法部门才可以采取有效手段。此种设计的缺陷较为明显。一是无法达到风险规制的功能定位,对于遵守隐私协议的"算法操控"等抽象性权利侵害缺乏执法依据。换言之,行政处

---

① 参见房绍坤、曹相见:《论个人信息人格利益的隐私本质》,载《法制与社会发展》2019 年第 4 期。
② 参见程啸:《论大数据时代的个人数据权利》,载《中国社会科学》2018 年第 3 期。
③ 参见叶名怡:《个人信息的侵权法保护》,载《法学研究》2018 年第 4 期。
④ 参见郑志峰:《人工智能时代的隐私保护》,载《法律科学》2019 年第 2 期。
⑤ APP 专项治理工作组:《APP 违法违规收集使用个人信息专项治理报告(2019)》,载中央网络安全和信息化委员会办公室官网,http://www.cac.gov.cn/2020-05/26/c_1592036763304447.htm。

罚过度重视意思自治与损害结果,倘若没有实质性损害证据则无法采取行动。二是"约谈—自行整改"的执法方式对于数字科技的风险预防力度不足,无法对相对人构成足够威慑。《个人信息保护法》中关于个人信息风险管控的规定也存在类似问题。为了应对抽象的数字科技权利侵害,必须要做到"面向未知而决策"[1],发挥公法的预防功能已经成为时代需要。

(二)预防原则的发展脉络

预防原则是公法中的原则,20世纪60年代德国环境法中的风险原则(Vorsorgeprinzip)被视为预防原则的起源。[2] 近年来,预防原则已成为国际法中的重要依据,在规制健康、环境气候、消费者保护等领域时取得了显著成效。1992年通过的《欧洲联盟条约》第130条确立了预防原则的基本原则地位;在2002年欧盟通过了187/2002法案,其中明确规定预防原则是规制食品安全领域不确定风险的基本原则[3],欧盟及其成员应积极执行。预防原则还被积极地应用于转基因食品安全等领域[4],2001/18/EC号指令(关于故意释放转基因生物)指出,依据预防原则应当对转基因生物进入市场采取措施,以避免对人类健康或生态环境形成危险。[5] 然而,该原则通常用于防范科技手段引发的实质性风险,从未适用于如人权侵害等抽象风险。但是,随着现代科技引发的社会风险日益严重,预防原则在国际法中的适用范围已变得愈加广泛,从预防环境损害扩展到保护人类健康和消费者安全,同时改变了风险损害的法律性质和证据要求。

---

[1] 赵鹏:《知识与合法性:风险社会的行政法治原理》,载《行政法学研究》2011年第4期。

[2] See Philippe Sands & Jacqueline Peel, *Principles of International Environmental Law* (Third Edtion), Cambridge University Press, 2012, p. 218–219.

[3] 参见张海柱:《专业知识的民主化——欧盟风险治理的经验与启示》,载《科学学研究》2019年第1期。

[4] See Daniel Steel, *Philosophy and the Precautionary Principle*, Cambridge University Press, 2015, p. 19–20.

[5] 参见刘韵清:《预防原则的习惯国际法地位分析》,载《国际法研究》2020年第4期。

预防原则本质上是公法上的授权,即法律授权政府在国民蒙受不确定的极端风险时,不顾及风险概率而采取保护措施。申言之,预防原则要求政府以严格的态度履行职责。此种立法授权之所以勃兴,主要原因有二:一是个体对科技风险存在认知局限,无法判断其来源与未来,故称之为"风险"。尤其在现代社会,科学飞速发展与科技应用危害的不断呈现,基于自由意志的个人理性已不再强大无误。二是风险往往具有紧急性,需要立即作出应对。与专家不同,民众对风险的认识大多来自直觉,这种不安全感也会导致民众希望政府进行干涉。即使此种直觉并没有合理的根据,但政府仍然会面临回应民众的压力。相较于个人防范,政府对未知风险的预防与管理更加有效。自20世纪80年代以来,在西方部分国家,政府形象也从消极的"守夜人"逐渐演变为积极的"家长",要求行政权更加积极主动地防范风险,而不是恪守议会的意志。

(三)引入预防原则的合理性

虽然公权力可以保护私人权利为由规范数字产业,但预防原则是极为严格的监管方式,因此需要充分讨论引入预防原则的合理性。预防原则的证成必然带有一定的价值判断,即必须严格对待数字科技风险。但数字产业对国民经济的重要性不言而喻,且预防原则是一种严格的法律原则,故欲证明个人信息保护可以适用预防原则,就必须提出合理的理由。

1. 现阶段个人信息权亟须统一的价值判断。如果不能明确必须坚守的价值目标,那么对价值理解不同的人就可能对法律作出相反的理解。例如,《网络安全法》第四章与《民法典》中所规定的个人信息保护规则,既可理解为法律重视私权抑或是对侵犯个人信息持严格态度,也可以理解为法律认可基于知情同意规则下的信息分享抑或对合法的信息处理行为持宽容态度。司法实践中,往往也会因为价值观念不同而发生分歧。例如,在朱某诉百度公司隐私侵权纠纷案中,朱某认为百度公司收集其在百度搜索引擎中的搜索记录并运用算法对客户进行精确广告营销的做法侵犯了他的隐私权。一审法院判朱某胜诉,①而二审法院驳回了朱某的诉讼请求。② 二审法院的裁判理由是搜索信息属于匿名信息,它不符合个人信息的可识别性,且百度公司也没有宣扬朱某的隐私并因此而造成损害。事实上,个人信息匿名化处理只是回避了个人信息利用的合法性问题,并不能消除个人信息流通中的隐私风险。

2. 个人信息的侵害后果较为严峻。正是因为人工智能在公共政策制定、企业决策等领域具有无可比拟的预测能力,而个人信息是其学习与运算的"血液",也被称为"21世纪的石油",所以我们往往对互联网企业过于宽容。但由于单个个体的数据价值并不大,因此互联网企业必须竭尽所能地收集大众数据。换言之,这种技术在骨子里就存在诱发信息滥用的基因,因为滥用可以带来巨大的收益,个人信息的泄露就成为可能甚至必然。科技能创造巨大的经济收益甚至引发世界格局变革,但它对人类尊严与自由造成了威胁。由于如今的网络技术功能强大、牵扯范围广、嵌入社会很深,因而其社会风险很大。③

3. 侵权风险容易被社会忽视。更为糟糕的是,即使风险已然显现,但由于科技往往都是以正面形象出现,其背后的侵权风险却被视若无睹,公众的目光并没有做到真正的审慎与理性,国内某明星与"B站"之纠纷就是一个例子。④ 活跃在该网站上的视频制作者通过剪接、换脸等方式,将该"明星"面孔从原视频中取出并置于其他视频中,以达到赚取流量的目的。但搞笑视频经常含带有贬义,其在视频网站上传播,不免发生类似"破窗原理"的观众跟风诋毁现象。一段时间后,该明星的名字甚至姓氏都沦为网络语言中的贬义,对其社会形象造成了巨大伤害。该明星曾试图通过法律方式要求

---

① 参见江苏省南京市鼓楼区人民法院民事判决书,(2013)鼓民初字第3031号。
② 参见江苏省南京市中级人民法院民事判决书,(2014)宁民终字第5028号。
③ 参见谢俊贵:《高新技术社会风险的生发逻辑与控制理路》,载《社会科学研究》2019年第3期。
④ 参见彭启航:《B站回应蔡徐坤律师函事件:已收悉,相信法律自有公断》,载新京报官网,http://www.bjnews.com.cn/ent/2019/04/13/567374.html。

网站删除相关视频却遭遇拒绝。单从法律角度分析上述事件,若主张传统意义上的侵权法责任,将难以成立。一方面,视频制作者可以辩解自己只是为了娱乐需要,那么,其主观上的过错就难以认定;另一方面,制作者获取视频的方式是合法的,视频内容也是真实的,也不能构成严重的侮辱、诽谤。但若依人格权请求权,则该请求可能得到支持。因为人格权请求权属于绝对权请求权,不要求行为人具有主观过错,①旨在将人格损害恢复至圆满状态,但被害人却未如此主张。因为 B 站提出社会舆论对公众人物所造成的轻微损害应当予以容忍,并基于此迅速开展舆论攻关,获得了多数公众支持,最终该明星放弃了维权。所以,即使此事件引发了全国性的舆论风波,但该互联网企业已立于不败之地。而如今,这种恶搞现象似乎已经成为网络常态。

上述案例背后映衬的问题是,互联网巨头为多数人狂欢寻找了一个正当的理由,即"明星""名人"才会遭到恶搞,普通人并不会,从而令多数人无视科技手段中所带来的道德风险,此其一。在当今数字时代,每当舆论倒向一方,法律往往会做出让步,一旦舆论战中分出高下,则法律上的结果已非最重要,此其二。互联网企业往往具有极强的公关与舆论引导能力,如任由此现象发展,法律恐将被舆论所绑架,难以对乱象形成制约,此其三。总之,个人信息的滥用看似无足轻重,实则影响深远,需要被法律严肃对待。如果不能明确严格的监管理念,加强法律在智慧社会中的权威性,仅依靠立法其现实意义将非常有限。

(四)个人信息侵权可能满足预防原则的触发条件

预防原则通常要求有不确定风险的证据,或者有合理理由怀疑科技对环境、健康问题存在潜在威胁时,才能选择适用。从理论上讲,需要同时满足存在不确定的风险、风险具有严重性两个条件。显然,由大数据技术引发

---

① 参见王利明:《论人格权请求权与侵权损害赔偿请求权的分离》,载《中国法学》2019 年第 1 期。

的社会风险具有不确定性。如果是确定的,也就意味着人类能够预测到人工智能的决策结论,那么人工智能就没有存在意义了。但是,抽象风险能否适用预防原则是一个关键问题。

1. 物理损害并非预防原则的必要条件

有观点认为,触发预防原则只能是由科技造成的直接物理损害,或者对环境造成的直接物理损害引发的间接物理损害例如核污染,而抽象的侵权损害并不在预防原则的范围内。理由是:其一,因科技改变个人生活而导致的精神性损害或失落感难以计算,而且通过自我调解可以克服。[1] 其二,不确定风险需要最低限度的证据基础,不能是尚未论证的学术思想或假设。O'Riordan 和 Cameron 就认为,对预防原则最普遍的理解是:具有"足够"证据的,或者通过成本—效益分析后有理由采取行动的,或者可能导致不作为而不得不"谨慎"采取行动的。[2] 这意味着采用预防原则的理由不仅仅是推测,还需要采用科学的评估方式,如采集样本、控制变量、选择模型等。[3] 而侵犯个人信息的后果大多是抽象的损害,如信息茧房、改变人类自由意志等,这与预防原则的要求相去甚远。

针对物理性损害,主要通过预防原则经多年发展所产生出的衍生规则来救济。起初,预防原则仅仅是针对特定的科技事项,其重点关注风险的严重性与依据,而这种风险是否属于物理损害并不是关键问题。例如,《里约宣言》是最广为人知的确立预防原则的国际文件。它对损害的描述是具有"严重的和不可逆转的损害",并未提及风险损害的物理性。就此而言,可以归纳出预防原则的特征是:存在潜在的未来风险、具有初步科学依据、在完

---

[1] 参见陈景辉:《捍卫预防原则:科技风险的法律姿态》,载《华东政法大学学报》2018 年第 1 期。

[2] See Timothy O'Riordan & James Cameron, *Interpretingthe Precautionary Principle*, Earthscan, 1994, p. 16.

[3] 参见高秦伟:《论欧盟行政法上的风险预防原则》,载《比较法研究》2010 年第 3 期。

全确定风险之前就展开行动。① 换言之,预防原则在发展演变过程中增加了一些限制(如物理的损害),但最初并没有此项要求。因此,当时代发生了变化(科技所造成的社会风险日益复杂化),就不能当然地坚持预防原则完全不具有适用于非物理损害的可能性。

那么,如何通过科学依据证明存在严重的抽象风险呢? 如果将"科学依据"理解为仅指自然科学依据、将法律论证风险认为是不"科学的",此观点也是片面的。实际上,抽象风险也可以用法律的严谨方式进行评估,以免引致滥用预防原则。因为预防原则所要求的是一种不确定风险,最终的价值判断仍然离不开主观论证。现实中,不存在一种确定的具有潜在风险的自然科学证据,否则就不是不确定风险而是确定风险。科学家对科技的不确定性风险也很难达成共识,因为实验结论本身就不是绝对科学,科学家大多不敢或不愿给出确定的结论。换言之,即使我们完全尊重科学家,也会因科学家的结论之间存在分歧而不得不进行主观判断,那么道德论证就显得更加重要。因此,科学依据并不能仅作狭义的理解,人文科学的论证也当属于此范畴。

2.个人信息滥用的后果足够严重

预防原则可适用于环境保护与人类健康,其正当性基础在于它们关乎人类的生存繁衍。而个人信息滥用最严重的后果是不断地让渡隐私以换取利益,最终隐私为零。② 没有隐私就没有自由意志,可能部分人仍然坚持自由意志的价值难以同人类健康相比较,但不可否认的是,某些数字科技风险也同样具有严重性与不可逆转性。

其一,严重性体现在算法操控与破坏公众自由决策。一般而言,个体对于自身信息的管控不得不对智能产品产生妥协,人工智能却可以针对个人

---

① See Kenisha Garnett & David J. Parsons, *Multi-Case*, *Review of the Application of the Precautionary Principle in European Union Law and Case Law*, Risk Analysis, Vol. 37, p. 504(2017).

② 参见肖冬梅、陈晰:《硬规则时代的数据自由与隐私边界》,载《湘潭大学学报(哲学社会科学版)》2019年第3期。

选择作出精准的投递资讯。申言之,通过人工智能而影响个人的自由意志绝非难事。在 Facebook 数据泄露事件中,算法通过对个体数据的匿名数据分析处理后,筛选出一些目标用户,对他们进行新闻推送、政治精准宣传,从而影响了多个国家的总统选举的结果。① 该事件充分证明,只要收集到足够的个人数据,人工智能可以影响人类的自由决策,那么民主社会的根基也将面临重大威胁。

其二,不可逆转性体现在当人类习惯失去尊严后就很难恢复。隐私是人类的基本利益,它决定着人类的尊严问题。当今数据自由主义的支持者提出隐私是可以牺牲的代价,他们认为科技可能是毁灭人类自主的原罪,但也是不可抗拒的影响社会之因素。② 保护个人隐私的任何道德责任不包括约束大数据的义务,因为大数据在商业、人类健康与安全等方面的有益用途已经超过了隐私危害。易言之,人的尊严与隐私等权利应当为科技发展让位。但如果不能重视人类基本权利的问题,那么资本将通过高新技术侵蚀个人尊严的内核,例如,个人是否再能实现"独处",人类是否不再存有隐私③,等等。

隐私得到保障也是个人自由意志的前提,没有隐私人类就无法培养个人道德与自主意识,就不能意识到个人行为与行为后果之间的关系,自然也不存在自担风险的责任意识。此外,信息控制的严重不均也将加剧教育、就业、社会保障等多方面的不平等。当前大数据分析涉及个人行为生成的未知性和非共识性数据使用,企业及研究者可以部署复杂的人工智能算法,揭示原本无法确定的身份、行为、趋势以及实践性知识体系进而损害个人的机会,这些机会流失的后果大多为个人所无法预见,自由平等的价值理念遭受

---

① 参见王中原:《算法瞄准如何重塑西方选举——算法时代的选举异化及其治理》,载《探索与争鸣》2021 年第 5 期。

② See André Nusselder, *Interface fantasy*, *A Lacanian Cyborg Ontology*, The MIT Press Cambridge, 2009, p. 22-23.

③ See D. J. Solove, *I've Got Nothing to Hide and Other Misunderstandings of Privacy*, San Diego Law Review, Vol. 44, p. 745-772(2007).

到巨大挑战。事实上,这些威胁通常难以救济且不可逆转。退一步讲,即使数字科技风险的威胁真的毫无道理或者不如环境与健康损害那么严重,公众对风险的看法却是政府制定政策的合理理由。既然数字科技侵犯公众隐私所造成的社会风险已昭然若揭,那么公众向公权力求助进而适用预防原则也就具备正当性。

四、引入预防原则的实现构想

基于上述分析,可见预防原则在个人信息保护领域仍有用武之地,其制度功能不仅要体现对数字科技风险的防范性,还要具备对于数字产业的治理性(governmentality)。治理性主要体现在专家与信息处理者对于不确定风险的论辩反思上,公权担当人所代表的公众担忧之表达也是其重要内容。但是,预防原则确实存在内容模糊、版本多且缺乏统一性等先天缺陷,个人信息的权利损害也比较抽象,那么,在适用预防原则时是否会出现更加缺乏程序与规范呢?实际上,法律本身就是确定与不确定的混合体,并且将永远是含糊的、不稳定的。[①] 尽管我们无法对个人信息保护规范中的预防原则下一个准确定义,但是仍然可以归纳出主要的程序过程。以下将从预防原则的适用对象、启动及风险不确定性的证明三个方面进行讨论。

(一)预防原则的适用对象

由于数字科技所造成的风险具有抽象性和不确定性,其产生机理也较为复杂,对预防原则规范对象的界定就变得尤为重要。

1.可针对的主体。必须说明的是,笔者提出预防原则适用个人信息规制体系并不是针对所有的信息主体,而只能针对部分有一定社会影响力的主体,如用户众多的互联网平台。原因在于:其一,适用预防原则的正当性是基于公众对公权力保护个人信息的需求,属于个人信息保护法律体系的

[①] 参见陈海嵩:《风险预防原则理论与实践反思——兼论风险预防原则的核心问题》,载《北方法学》2010年第3期。

一部分。而现代个人信息保护法的思想源于公平信息实践原则①,它所管束的是不平等的信息关系,针对的主体大多是商业性或特殊主体。它既不能针对个人或群体日常的、普通的收集、处理行为,也不能针对公权力机关的职权行为,目前与个人信息保护相关的法律大多包含了此种理念。例如,欧盟《一般数据保护条例》第二条第二款(c)(d)项规定,"自然人在个人或家庭活动中的个人数据处理"与"预防、侦查刑事犯罪或执行刑事处罚"的个人数据处理行为不适用于此条例。我国《民法典》第1039条规定,公权力机关及其工作人员"对于履行职责过程中知悉的自然人的隐私和个人信息"负有保密义务;《个人信息保护法》第35条规定,行政机关在处理个人信息时原则上应经过本人同意,但在妨害其履行法定的职责时除外。这就相当于将国家机关依职权获取个人信息的行为排除在外,在一定程度上也体现了这一原则。其二,预防原则仅针对具有一定严重后果的科技风险,对于个人信息保护而言,大多数严重风险都是由大型信息处理者所引起。小型的,甚至个人的收集行为通常并不会引起社会风险,且个人完全有能力通过私法手段来救济权利。

2. 不确定风险的类型。显然,在此体系中预防原则所规范的并不是互联网平台所使用的数字技术本身,而是包含数字技术的实际应用产品。这里需要明确不确定风险的两个性质:第一,风险的来源必须是智慧手段正常使用中所产生,以科技手段故意损害他人利益的行为不在本书讨论范围之内。例如,用互联网手段非法入侵他人电子设备,盗取个人信息与财物的,应被视为盗窃行为,而非科技伦理风险。第二,损害后果是非物理损害。因为数字科技产品风险引发的重大物理损害已有相关法律予以规制,并不需要讨论。例如,自动驾驶汽车正常运行中致人损害,被害人有权提出侵权损

---

① 参见丁晓东:《论个人信息法律保护的思想渊源与基本原理——基于"公平信息实践"的分析》,载《现代法学》2019年第3期。

害赔偿,"通过可接受风险理论与利益衡量"①可以划分保有人和生产者的责任界限,而自动驾驶汽车中处理信息的算法是否符合伦理要求,可以纳入预防原则的讨论范围。

根据损害方式的不同,可将具有社会损害风险的产品分为两类:一是具有直接损害风险的产品,指的是信息处理活动对不特定第三人所造成的直接损害。由于直接损害对信息主体造成了直接的侵权风险,故较为容易认知与证明,如个人信息在采集、处理、储存中的泄露风险。直接损害所造成的不仅是经济上的损害,也包括对个人名誉、隐私等人格权的损害,如私密信息被公开的风险或者通过 AI 换脸等技术造成混淆后对他人名誉的损害。二是具有间接损害的风险产品。这是信息处理活动对个人或者群体引发的道德、伦理等抽象性风险,往往难以被社会公众所发现、认知,并且难以证明。并且,此种风险可以是现阶段就存在的个人生活于数字时代中都能够感知到的权利或者道德上的风险,也可以是当下并不存在的潜在风险。尽管潜在风险尚未爆发,但是只要公众有合理理由担心未来可能会爆发,都应当被预防原则所规制。

(二)预防原则的启动

1. 阈值设定。预防原则有"强""弱"之分,最早的预防原则理论是指在进行一项活动时,为了避免严重的、不可逆转的损害而禁止使用某种科学技术,从而确保该活动在没有风险的情况下进行。但是,这可能会严重地阻碍社会发展,为了弥补早期理论的过度僵化,弱预防原则理论应运而生,而早期的预防原则就被称为强预防原则。所谓弱预防原则,是指在危险程度相对较低时,采取一定的措施从而防止危害的产生或扩大,因此它往往需要考

---

① 宋宗宇、林传琳:《自动驾驶交通事故责任的民法教义学解释进路》,载《政治与法律》2020年第 11 期。

虑比例原则、成本收益等。①，而最弱的预防原则，是政府对于科技风险的密切关注。由于个人信息保护一直是我国政府高度关注的问题，故无探讨最弱预防原则的必要。必须指出的是，无论适用强预防原则还是弱预防原则，其启动阈值均以某种风险为严重的、不可逆转的风险为必要，这就需要进一步设定某种程度的风险阈值，从而对"强""弱"进行区分。

作为借用数学、物理领域的专业术语，阈值是一种临界状态的翻转值。强预防原则的风险认知阈值较低（由于难以认知，所以一般人达到低水平的认知阈值即可启动），即使没有充分的理由相信某项活动可能有害，也可以将其本身视为必须采取诸如禁止之类的严厉措施，政府措施倾向于风险防范。弱预防原则的不确定风险认知阈值较高（由于容易认知，所以需要一般人达到一定水平的认知才可启动），需要有合理的理由认为某种行动的后果是有害的，就足够证明监管是正当的，政府措施更倾向于风险管理。② 在此过程中，必须注意避免唯科学主义。由于不确定风险难以被科学所证明，故不能仅执行科学家所设定的标准。事实上，预防原则离不开主观论证，科技也必须接受质疑，可以结合行政主体与民众对于数字科技风险的认知程度，从而制定风险标准体系。法律还应当建立不同的援引预防原则的举证标准，力图使援引预防原则的依据取决于所涉问题的性质与类型。

具言之，弱预防原则应当设定较高的启动阈值，因为当公众认知风险比较容易时，就不会难以理解风险的后果与企业的过错，那么对于风险防范也就比较容易达成共识，因此应当设定较高的启动阈值。例如，单纯的买卖个人信息之行为，属于公众容易认知的侵犯个人隐私的风险，不涉及公民平等、国家安全等（难以认知的）问题，那么法律就不必采取强的预防措施（将其完全禁止），而是需要督促政府履行管理职责，例如，不得借故缺乏科学依

---

① 参见朱炳成：《环境健康风险预防原则的理论建构与制度展开》，载《暨南学报（哲学社会科学版）》2019 年第 11 期。

② See J. Zander., *The Application of the Precautionary Principle in Practice：Comparative Dimensions*, Cambridge University Press, 2010, p. 31-36.

据,急于采取行政行为。也可以通过行政管理措施从宽解释预防原则。例如,关于敏感信息的使用,即使科技企业再三强调面部信息的收集与使用并不会导致泄露或面部识别的密码失控,但只要公众仍然在担心它将影响个人生活安宁或私人账户安全,那么就已经达到了高度认知的阈值,政府就应当对此进行必要的管理甚至防控。换言之,只要公众对风险的认知达到了较高的一致性,则政府的风险管理就是正当的。

而对于认知较为困难的数字科技风险,如信息产品对用户的算法操控、数据的跨境转移,等等,公众难以理解信息处理者的行为,但风险后果又可能特别严重,那么在公众还未高度认知风险时,就可以采取强预防原则。一言以蔽之,法律只需要设置较低的认知阈值,就可授权政府采取强的措施,如举证责任倒置,要求行动者承担举证责任证明应用信息是安全的,这样即使无法确定引发风险的因果关系,也可以将个人自由与法律父爱主义结合在一起①,从而避免损害威胁。

2.成本分析。在适用弱的预防原则时需要衡量行政行为的成本收益,经济成本与收益是评价预防原则正当性的一个重要指标,因为政府对科技的预防措施很可能限制社会福利。例如,将微博、抖音等信息软件予以禁止,不仅可能造成大量失业,而且也会大幅影响人们的业余生活。那么,如果不能带来足够的收益,该预防措施将会遭到强烈的质疑。基于此,就只需采取整改、禁止部分功能等适当的监管手段,以避免社会福利大幅下降。当然,成本—效益分析方法不乏反对者,其理由在于人类的尊严与自由不能以金钱作为衡量标准。换言之,成本分析法只是为了短期利益而忽视了长时期的不确定风险,应当予以坚决制止。② 这种反对论的认识源于人是目的并非工具的康德法哲学。然而,现代社会的政府很难不考虑经济因素与人民

---

① 参见郭春镇、马磊:《大数据时代个人信息问题的回应型治理》,载《法制与社会发展》2020年第2期。

② See Mark Jablonowski, *Precautionary Risk Management: Dealing with Catastrophic Loss Potential in Business, the Community and Society*, Palgrave Macmillan, 2006, p. 20-22.

意志,仅为了捍卫康德信条。在个人信息保护领域适用预防原则,可能影响数字产业的发展,进而产生经济下滑、失业率上升等社会成本,必然引发公众与政府的担忧。据此,适用弱的预防原则要求政府不得以缺乏科学依据为由不作为,但仍应考虑行政成本效益。

与弱的预防原则不同,适用强的预防原则却可以突破成本效益标准,因为所遭受的损害可能无法衡量。即尽管行政措施的成本巨大,也要对后果足够严重的风险采取行动。例如,对于通过数字技术操控选举结果的行为,就无法吝惜行政措施的成本。因此,对数字科技的风险阈值的判断十分重要。具体而言,针对一般的数字科技风险,在保护经济健康发展的同时尽可能避免科技风险。其预防措施应当允许一定程度上的信息流通,重视监管行为的成本。针对重大的数字科技风险,则应当不计成本地采取预防措施。一般情况下,个人信息泄露的损害后果是一个抽象问题,它的行政管理成本相对而言并不算高。例如,限制转基因食品的流通可能造成部分人饥饿甚至死亡,而限制一些数字技术应用只会影响一些社会软福利。但是,如果完全禁止一些数字技术就可能产生较大的社会影响,故只能针对部分后果严重的数字科技风险采取不计成本的措施。当然,还应设置一定的执法程序,并经有关部门批准。

那么如何判断数字科技的风险是否"足够"严重？主要考虑公众和学术界的态度,并不要求确定的或者高度盖然性的证据,多数民意导向即可成为判断依据。例如,面部特征等较为敏感的信息具有不可更改与不可匿名性,只能认定其损害程度较大。[1] 质言之,只要后果足够严重,就不必考虑产生此种后果的成本收益问题。而对一般的数字科技风险,只需采取与风险适当的预防措施即可。

综上所述,本书认为,可根据对风险认知的难易程度、风险后果能否计算或者补偿来设定预防原则的启动标准。弱预防原则的启动标准应设定

---

[1] 参见邢会强:《人脸识别的法律规制》,载《比较法研究》2020年第5期。

为:某种较容易认知的,可以较精确地计算或者可大概估算的、不容易补偿的较大的风险;强预防原则的启动标准应设定为:某种难以认知的,无法通过成本衡量、无法补偿的重大风险。

(三) 风险不确定性的证明

除明确预防原则可适用于个人信息保护领域、规制对象以及启动条件外,还有一个关键问题是不确定风险究竟要证明到何种程度。所有的有关预防原则的证明都要求包含一定的知识条件,需要达到可以应用的等级。对于该风险是否足够严重的证明也不例外。

1. 避免循环论证。科学在为预防原则提供证据性结论时也存在局限性,即科学很难证明一定存在不确定的风险。事实上,与该风险相关的科学知识条件可能尚且处于模糊状态,因为信息产品的风险具有不确定性,难以形成一个统一的标准。在举证时往往难以令人信服,行政相对人可能会要求行政行为人提供存在"不确定风险"的证明,此即所谓的"不确定性悖论",不断上诉可能会陷入证明逻辑困境。一方面,人们认识到科学无法对不确定风险提供决定性证据;另一方面,政府和律师又需要证明存在或不存在不确定性风险。[1]

在辉瑞公司诉欧盟委员会案中就多次出现循环论证的情况。[2] 丹麦国家实验室检测出维吉霉素(欧盟委员会授权使用的食品添加剂)可能从动物传播给人,于是通知欧盟委员会已禁止使用维吉霉素。因为自1970年以来,欧盟委员会开始监管各成员方所使用饲料中的添加剂。1996年,欧盟又引入了共同授权系统,根据该规定,各成员方只能在饲料中使用经过授权的添

---

[1] See M. B. A. Van Asselt and E. Vos, *The Precautionary Principle and the Uncertainty Paradox*, Journal of Risk Research, Vol. 9, p. 317-318(2006).

[2] 参见欧洲法院案例报告第13/99号,2002年第2卷第3305页及其以下(Case T-13/99, Pfizer Animal Health SA vCouncil[2002]ECR Ⅱ-3305)。转引自高秦伟:《论欧盟行政法上的风险预防原则》,载《比较法研究》2010年第3期。

加剂。如果成员方要限制或者禁止使用授权的添加剂,则成员方必须立即通知其他成员与委员会并说明该添加剂具有危害的理由。所以,欧盟委员会就委托动物营养科学委员会(SCAN)对丹麦实验报告作出"确定性"的答复,但 SCAN 认为实验的不确定性过大,并提供了一些可能存在不确定性风险的分析,但肯定不构成直接威胁。然而,欧盟委员会却根据预防原则提出了一项禁令,禁止包括维吉霉素在内的四种抗生素作为食品添加剂,最终被欧盟理事会批准。随后,维吉霉素生产商针对此规定向欧盟初审法院(CFI)提出异议,他们认为委员会对两份"不确定风险"报告作出了不同的判断,维吉霉素与报告中的风险并不存在因果关系。于是,法院不得不对报告的科学、真实与有效性进行审查,作证专家也陷入不确定性悖论的循环讨论之中。法院开始要求提供确凿的证据,这就将非不确定风险举证演变为零风险举证,法院也不可避免地要对科学主张作出判决。

在适用预防原则时应当避免循环论证的发生,证明过程不能要求确凿地证实数字产品存在不确定风险的证据,而应强调一旦风险转化为现实损害其后果的严重性以及公众对科技产品风险损害的担忧。多数存在风险的科技产品都可能被证明不存在危害或者存在风险的概率极低,但这对公众来说并不具有说服力。因为科学的证明结论也总是在不断地被推翻。为了结果的严谨性,鉴定人员往往无法给出一个确定的答案,因为即使科技风险的存在属于小概率事件,但一旦发生就可能引发公众性灾难。例如,即使转基因食品多次被证明不存在危害,但也不能被学者所接受。[①] 因此,在法律论证中不能过分陷入是否成立不确定风险的论证之中,也要适当考虑风险的严重后果。

2. 证明标准。有研究者总结了欧盟在适用预防原则时的发展趋势,发现在适用"弱"预防原则时所必要的科技风险证明标准似乎更加苛刻,考虑经济方面的原因,可能更倾向于采取一定限度内的较轻的控制措施。相比

[①] 参见陈景辉:《面对转基因问题的法律态度——法律人应当如何思考科学问题》,载《法学》2015 年第 9 期。

之下,"强"预防原则的所必要的证明标准却比弱的更加简易,往往将实施政策的成本转嫁给潜在有害活动或产品的支持者。① 而数字科技风险的证据可能更加主观,因此证明标准应当张弛有度,可以采取不同严格程度的措施,具体取决于需避免风险的严重程度、证据的力度以及公众对风险的态度。对于多数数字科技风险而言强预防原则过于严格,实践中可能更多是弱预防原则之应用。弱预防原则所针对的不确定风险认知难度较低,在证明时可以根据风险的严重程度适当地灵活变化证明标准。对于损害大、发生概率小的风险,则应从严证明并采取严厉的措施;对损害小、发生概率高的风险从宽证明,采取相对温和的措施。例如,如果某项信息产品存在明显的算法操控用户的嫌疑,一旦造成后果可能十分严重,将证据标准从"充分的不确定性"降至"合理的关注理由"以及预防性措施,是完全可行的。尽管如此,科学论证还是十分必要,即使无法给出一个确定答案,但它仍然是法律论证中的重要依据。

对于认知阈值低但损害后果特别严重的数字风险,还应考虑转移举证责任,即由科技公司证明自身产品不存在安全风险,这在国际法中已有适用先例。1995 年新西兰"核试验"案中,在适用预防原则时就曾采用了举证责任倒置。但是,它只是预防原则可允许的证明程序,并非必须采取的措施。所以,国际法上是否需要转移举证责任是由不确定风险的阈值所决定的,目前虽未形成统一的应用标准,仍然值得我们借鉴。

---

① See Ragnar Lofstedt, *The Precautionary Principle in the EU: Why a Formal Review is Long Overdue*, Risk Management, Vol. 16, p. 141-145(2014).

结　　语

目前,法律含糊地规定了个人信息保护,回避了个人信息权利的性质。越来越多的观点认为个人信息保护属于民事权益而非民事权利。之所以呼吁个人信息权利化是因为权利非常重要,当权益与其他权利发生适用对抗时往往需要让步。因此,亟须重新审视个人信息权的法律位阶。

正因为法律权利十分重要,理论界对于"新"权利的眼光十分挑剔,因为一旦利益保护泛权利化可能会削弱法律的实践效果,导致权利的滥用。因此,证明新权利应有自身独特的研究方法。一项权利被称为新型权利应当是"真"权利,而非权利束中的子权利或者权益,需要具有重要性、流动性、绝对的正当性以及未来的持久性。新型权利的诞生路径有领域模式与情景模式。前者是由道德权利过渡为法律权利可称之为"新",后者是在新情景下创设"新"权利。个人信息权可以践行领域模式,首先,保护个人信息是道德的且具备一定的社会共识,进而社会具有这种权利意识基础。其次,侵害他人个人信息也必然是被社会舆论所不允许的,否则针对个人信息保护的呼声与研究也不会如此之多。最后,除了舆论谴责保护个人信息也具有强制力,如在"无法可依"的时代监管者会要求信息处理者自查整改。个人信息权存在的内在理由,除了本权的道德权利还有其他多种权利,个人信息权需要法律强制力保护也是毋庸置疑的,因此个人信息权成为新型权利的路径是存在的。

在数字时代的背景下,个人信息的分享与处理已成为常态。合理地设置个人信息处理活动中的权利,对于个人的权利保护以及促进数字产业的发展都大有裨益。个人信息权的实质上是个人信息受保护权,是为了引导社会对个体人格的尊重。个人信息权作为新型人格权,并不强调个人对自身人格的支配性,是个人在分享其人格利益时的一种保障。以自下而上视角审视权利体系,立足于解释包容个人信息分享现实状况,根据人与人之间的不同关系设置不同的权利张力模块,从而构建个人信息权模块化的范式结构。如此,个人信息权并不会妨碍信息的分享与流动,也不会过多地损害信息处理者的利益,可以达到协调多方关系之目的。

个人信息权的设立也不能推翻当下的新法,以权利保护的概念替换法律中的利益保护概念。个人信息保护规则大多都可以成为个人信息权的具体内容,无法成为个人信息权利内容的仍可以以个人信息保护规则存在。毕竟,个人信息保护是比个人信息权更宽泛的概念。细化个人信息纠纷中人格权请求权与侵权责任请求权的分工合作问题。人格权请求权的要件更为宽泛,人格权法的权利保护方式以恢复人格的圆满为主,人格的损害赔偿应适用侵权责任法的规则。侵害个人信息权的损害赔偿应当包括实际的损失与精神损害,精神损害赔偿的要件应当达到一般损害程度即可,不需要构成严重的损害。因为绝大多数侵害个人信息的案件,对权利人的精神损害程度都称不上严重。

但值得我们注意的是,仅有私法保障对于个人信息权的保护是远远不够的。个人信息权的公法保护已势在必行,对于公法而言,由于个人信息已成为与财产同等重要的生产要素,所以需要在宪法上明确肯定个人信息权,形成与人格权法的衔接。同时还需要加强个人信息保护法中的预防措施,从而体现人格权之主动性权能。